1781

Roman Herzog

Vision Europa

Antworten auf globale Herausforderungen

Mit einem Vorwort
von Manfred Bissinger und einem
Nachwort von Karl Kaiser

Hoffmann und Campe

Die Deutsche Bibliothek – CIP-Einheitsaufnahme
Herzog, Roman:
Vision Europa : Antworten auf globale Herausforderungen /
Roman Herzog, – 3. Aufl. – Hamburg : Hoffmann und Campe, 1997
ISBN 3-455-11182-3

Schutzumschlaggestaltung: Büro X unter Verwendung eines Fotos
von Werner Schüring
Satz: Utesch Satztechnik GmbH, Hamburg
Druck und Bindung: Clausen & Bosse, Leck
Printed in Germany

Inhalt

IV. Zivilisation der Verständigung

Vorwort

Es ist selten geworden, daß Politiker halten, was Sie einmal angekündigt haben. Da macht es besonderes Vergnügen, einen absoluten Ausnahmefall vorstellen zu dürfen. »Klarheit und Wahrheit« hatte Roman Herzog versprochen, als er vor zwei Jahren vom Stuhl des obersten Verfassungsrichters ins Amt des Bundespräsidenten wechselte. Und er hält sich daran.

Roman Herzog sorgt selbst für Offenheit, wenn es politisch unkommod zu werden droht. So argumentierte er auch dann noch für die Orientalistin Annemarie Schimmel, als diese mit unbedachten Bemerkungen über den Schriftsteller Salman Rushdie längst Intellektuellenstreit ausgelöst hatte. Aber als ihr unter Protest der Friedenspreis des Deutschen Buchhandels verliehen wurde, nutzte Herzog das Podium nicht nur zur Intervention für den bedrohten Autor, er richtete auch deutliche Worte an die iranischen Mullahs und erteilte im Streit um den Fundamentalismus westlichen wie islamischen Feindbild-Strategen gleichermaßen eine Absage: »Ohne gegenseitiges Wissen gibt es kein gegenseitiges Verständnis, ohne Verständnis gibt es keinen gegenseitigen Respekt, und ohne Vertrauen gibt es keinen Frieden, sondern wirklich nur die Gefahr des Zusammenpralls.« Den zu vermeiden ist Ziel aller Ansprachen des Bundespräsidenten, die in diesem Buch versammelt sind. Es ist der zweite Band mit seinen Reden.*

Der Titel »Vision Europa« ist bewußt gewählt. Roman Herzog kann als kompromißloser Verfechter eines vereinten Europas gelten. Sein Credo hat er vor dem Straßburger Parlament formuliert: »Gegen die um sich greifende Anarchie gibt es nur eine Strategie: So viel Integration wie nötig und möglich. Keine Region der Welt hat da bessere Chancen als Europa, und wir sollten alles daransetzen, diese Chancen nicht zu verspielen!«

Des Präsidenten Engagement für Europa geht so weit, daß er sich beherzt und vehement auch gegen jene wendet, die Zweifel an einer gemeinsamen Währung haben. In einem Gespräch für dieses Buch hat Roman Herzog eine entsprechende Frage so beantwortet: »...natürlich gibt es auch in der Bundesbank unterschiedliche Meinungen. Aber immer, wenn ich hart nachfrage – und das tue ich gelegentlich –, höre ich auch dort ein uneingeschränktes Bekenntnis zur Europäischen Währung.« Dabei übersieht er natürlich nicht, daß eine starke Deutsche Mark innerhalb und außerhalb der soviel größer gewordenen Bundesrepublik immer wieder Konflikte auslösen kann.

Wie ein roter Faden zieht sich die neue deutsche Verantwortung durch des Präsidenten Argumentation. Auch deshalb haben wir Karl Kaiser, den Direktor des Forschungsinstitutes der Deutschen Gesellschaft für Aus-

* Der erste Band erschien 1995 auch im Hoffmann und Campe Verlag unter dem Titel: »Klarheit und Wahrheit«. In ihm sind Roman Herzogs Ansprachen zur deutschen Geschichte veröffentlicht.

wärtige Politik, gebeten, Roman Herzogs »idealistischen Pragmatismus«, seine »Orientierungspunkte«, seinen »Wunsch und Willen nach Dialog« in einem Nachwort zu den Reden ausführlich zu analysieren.

Nicht oft genug herausgestellt werden kann auch, was Roman Herzog über den europäischen Gedanken hinaus für die Wahrung des sozialen Friedens im eigenen Land geleistet hat. Es ist mutig und ungewöhnlich zugleich, wenn in dieser Zeit übersteigerter Individualisierung der Bundespräsident den Staat und die ihn tragenden Institutionen an ihre Verantwortung für das Gemeinwohl erinnert. Regierung wie Opposition, Unternehmer wie Gewerkschaften, Verbände wie Lobbyisten haben da durchaus Nachholbedarf.

Er hat die Bürger auf seiner Seite, wenn er davor warnt, den Standort Deutschland »runterzuschwätzen«. Es stimmt, wenn er daran erinnert, daß »Gewinnstreben und soziale Verantwortung der Unternehmen sich gegenseitig ergänzen müssen«. Und er wird richtig verstanden, wenn er feststellt, daß es Auswüchse im sozialen Netz gibt, und den Abschied von »Kulanzgeschenken aus Zeiten großer wirtschaftlicher Zuwachsraten« fordert.

Des Bundespräsidenten intensivste Möglichkeit, Einfluß auf Politik und Gesellschaft zu nehmen, sind Reden und Interviews. Dieser Band dokumentiert, zu welcher Könnerschaft es Roman Herzog inzwischen gebracht hat.

Hamburg, im Juli 1996 Manfred Bissinger

1. Welt im Wandel

1. Neue Dimensionen der Aussenpolitik

Rede beim Festakt zum 40. Jahrestag der Gründung der Deutschen Gesellschaft für Auswärtige Politik am 13. März 1995 in Bonn

In diesem Monat jährt sich zum 40. Mal die Gründung der Deutschen Gesellschaft für Auswärtige Politik. Zu diesem Jubiläum gratuliere ich von ganzem Herzen. Ich wünsche der Gesellschaft für ihre immer wichtiger werdende Arbeit weiterhin viel Erfolg hier in Bonn und in der Hauptstadt Berlin. Möge sich die Wirkung Ihrer Arbeit auf ganz Deutschland erstrecken und so dazu beitragen, daß allen Deutschen die Bedeutung der Frage klar wird: Was ist Außenpolitik, und was ist richtige deutsche Außenpolitik – in einer Zeit, die noch keinen Namen hat, in einem Europa, das immer größer, und in einer Welt, die immer kleiner wird?

Ich selbst bin auf einem Umweg zu Ihnen gekommen, weil ich zuerst Bundespräsident wurde und dann erst als Redner bei der Deutschen Gesellschaft für Auswärtige Politik erschienen bin. Das ist ein Fehler, wie ich beim Studium Ihrer Geschichte gemerkt habe. Meine Vorgänger Richard von Weizsäcker und vor allem Karl Carstens – dieser sogar als Direktor Ihres Forschungsinstituts – waren zuerst in der Gesellschaft für Auswärtige Politik tätig und wurden erst dann Bundespräsident. Wenn das Schule macht, so ist dann mein Nachfolger heute mitten unter uns, ohne daß wir ihn jetzt schon identifizieren könnten.

Sich die Erfahrungen der Deutschen Gesellschaft für Auswärtige Politik zunutze zu machen gehört also gewissermaßen zur Stellenbeschreibung jedes Bundespräsidenten. Sein verfassungsmäßiger Auftrag, Deutschland völkerrechtlich zu vertreten, schließt auch die Aufgabe ein, die Aufmerksamkeit der deutschen Öffentlichkeit auf eine wichtige Wechselwirkung zu lenken, nämlich auf die Chancen und Risiken, die von außen in unser Gemeinwesen hineinwirken und umgekehrt von diesem ins Ausland ausstrahlen. In einer Welt, in der die Grenzen der Nationalstaaten gewollt oder ungewollt immer durchlässiger werden, sind die Innenwirkungen der Außenpolitik ebenso unübersehbar wie die Außenwirkungen der Innenpolitik.

Ich will versuchen, diesen Wechselwirkungen durch drei Fragen auf die Spur zu kommen:

1. Wie hat sich das internationale System seit der Zeitenwende von 1989 verändert?
2. Welcher Handlungsbedarf und welche Handlungsmöglichkeiten ergeben sich daraus für die deutsche Außenpolitik?
3. Sind wir auf die neuen Herausforderungen vorbereitet? Welches geistige Rüstzeug und welche mentalen Haltungen brauchen wir im Innern, um dem außenpolitischen Handlungsbedarf zu genügen und alle gegebenen Möglichkeiten nutzen zu können?

Zur ersten Frage: Was hat die Zeitenwende uns gebracht? Einen Moment glaubten wir, sicher zu sein: Marktwirtschaft und Demokratie sofort und überall auf der Welt. Im Wettkampf der Ideologien hatte der Westen klar gesiegt. Fukuyama sprach sogar vom Ende der Geschichte.

Mittlerweile ist diese Gewißheit geschwunden. Das bipolare System existiert nicht mehr, aber eine neue Weltordnung ist auch nicht in Sicht. Man spricht fasziniert von Multipolarität, aber man ahnt, daß ein solches System im Nuklearzeitalter höhere Risiken mit sich bringen kann als das ziemlich stabile Gleichgewicht der Abschreckung zwischen den beiden früheren Großmächten. Dabei sind die drohenden Instabilitäten nicht nur strategischer Natur. Soziale, ökologische und kulturelle Ungleichgewichte erscheinen als zusätzliche Sicherheitsrisiken, die den militärischen an Gefährlichkeit langfristig kaum nachstehen. Die Liste dieser Risiken ist mittlerweile hinlänglich bekannt: Bevölkerungsexplosion, Klimaveränderungen, Armutswanderungen, Atomschmuggel, Drogenhandel, Fundamentalismen jeder Couleur, Völkermorde, Zerfall staatlicher Ordnungen. Die neue Zeitschrift Ihrer Gesellschaft widmet diesen »neuen Risiken«, gegen die es keine Abschreckung gibt, ein ganzes Heft.

Fukuyamas Prognose erweist sich also als falsch. Plötzlich haben wir wieder Geschichte im Überfluß. Und dann kommen natürlich apokalyptische Szenarien hoch. Sie reichen von Samuel Huntingtons »Kampf der Zivilisationen« bis zu Norman Stones Rückfall in das mittelalterliche Zeitalter der Bettler, der Seuchen, der Feuersbrünste und des Aberglaubens. Solche Szenarien sind viel zu primitiv, als daß sie richtig sein könnten. Ihre Gefährlichkeit besteht aber darin, daß sie sich im Denken der Eliten festsetzen und als »self-fulfilling prophecies« selbst zu neuen Sicherheitsrisiken werden könnten.

Vor wohlfeilem Pessimismus dieser Art zu warnen heißt nicht, einer Vogel-Strauß-Haltung das Wort zu reden. Wir tun nur gut daran, weder den nordatlantischen Westen noch die Europäische Union, noch das vereinigte Deutschland oder gar die alte Bundesrepublik als Inseln der Seligen zu betrachten, deren Gemütlichkeit wir durch besonders inbrünstige Verdrängung der Turbulenzen in der Außenwelt als gesicherten Besitzstand bewahren könnten. Welche Gestalt das 21. Jahrhundert schließlich erhalten wird, wissen wir noch nicht, und sie wird auch nicht von uns allein abhängen. Aber eines ist gewiß: In einer kleiner werdenden Welt, in der Chancen und Risiken sich gleichermaßen globalisieren können, wird auch die Globalisierung der deutschen Außenpolitik unvermeidlich sein.

Meine Empfehlung ist also, sich weder in schwarzseherischem Realismus noch in träumerischem Idealismus zu ergehen, sondern sich mit dem gebotenen Pragmatismus der zweiten Frage zuzuwenden, nämlich der Frage: »Was ist zu tun?«

Das Ende des Trittbrettfahrens ist erreicht. Deutschland gehört zum Konzert der großen Demokratien, ob es will oder nicht. Und wenn eine dieser Demokratien beiseite steht, schadet sie unweigerlich nicht nur den anderen – sondern letztlich auch sich selbst. Auf erkannte Risiken sollte man nicht reagieren, indem man wartet, bis ihr Eintritt beweisbar ist; denn dann ist es für die Vorbeugung meist zu spät. Vorbeugung ist auch hier besser als Schadensbegrenzung. Immer deutlicher sehen wir, daß risikoscheues Nichthandeln auf die Dauer risikoreicher sein kann als risikobereites Handeln.

Und ebenso richtig ist: Wenn wir den Risiken nicht vor

Ort begegnen, kommen sie zu uns. Gegen die Risiken der Bevölkerungsexplosion, des Fundamentalismus, der Migration, des Drogenhandels und gegen die anderen Armutsfolgen helfen nur soziale und wirtschaftliche Antworten. »Wohlstand für alle« oder doch zumindest die begründete Hoffnung auf Arbeit und Einkommen, auf wirtschaftliches Wachstum im globalen Maßstab sind die Voraussetzungen zur Erhaltung des Weltfriedens. Ein Weltsozialgipfel, wie er gerade in Kopenhagen stattgefunden hat, ist deswegen in einem sehr idealistischen Sinne ein Weltfriedensgipfel. Man mag mit seinen Ergebnissen unzufrieden sein. Aber François Mitterrand hatte recht, als er sagte, es sei schon ein großer Fortschritt, daß soziale Fragen überhaupt zum Gegenstand eines solchen Gipfels geworden seien, und die Welthandelsorganisation, die vor 50 Jahren noch nicht konsensfähig war, aber jetzt in Marrakesch beschlossen wurde, kann eine wesentliche Voraussetzung für globalisierten Wohlstandsgewinn werden.

Daß mit der Integration der Weltwirtschaft erhöhter Wettbewerb und oft schmerzhafte Anpassungslasten für die traditionellen Industrieländer einhergehen, liegt auf der Hand. Aber es wäre eine Ironie der Geschichte, wenn ausgerechnet die Regierungen und Unternehmer Europas die beste Lektion ihrer eigenen Nachkriegsgeschichte in dem Moment vergessen würden, in dem der Rest der Welt beginnt, sie ebenfalls zu lernen.

Ganz offensichtlich fördert diese Lektion auch die Einsicht in die Vorzüge friedlicher Lösungen politischer Konflikte. Die Ansätze zur Überwindung rassischer Gegensätze in Südafrika und religiöser Gegensätze im Nahen Osten zeigen, daß »soft power«, das heißt die Lösung von Problemen durch Intelligenz, oft mehr vermag als »hard power«, die nur in Bevölkerungszahlen, Territorien, Flotten und Armeen denkt.

Natürlich können auch wir nicht ganz auf »hard power« verzichten. Wir brauchen sie, um gegenüber Völkermord, Aggressionen und Erpressungen gewappnet zu sein. Wir müssen in solchen Fällen auch bereit sein, militärische Macht einzusetzen, wenn alle anderen Mittel versagt haben. Ebenso wahr ist aber auch, daß militärische Einsätze kein Allheilmittel sind und daß sie auch nicht im Vordergrund unseres Denkens stehen dürfen. Das hat der Fall Somalia deutlich gemacht. Er sollte sich nicht wiederholen.

Selbst wenn der Friedensprozeß im Nahen Osten und die Überwindung der Apartheid in Südafrika neben den unsäglichen Konflikten in Jugoslawien, im Kaukasus, in Somalia oder in Ruanda eher als Ausnahmen erscheinen, so bleiben sie doch für uns als Handlungsmodell maßgeblich. Wenn die selbsternannten Kriegsherren, die ethnischen Säuberer oder die fundamentalistischen Prediger des Hasses noch nicht begriffen haben, daß sie durch den Zyklus der Gewalt nur verlieren können, so heißt das nicht, daß die ganze Welt den gleichen Irrtum begehen muß.

Wenn es richtig ist, daß Demokratien untereinander nie oder zumindest selten Krieg führen, dann ist auch die weltweite Förderung der Demokratie ein Muster vorbeugender Sicherheitspolitik. Noch ist die Globalisierung der Demokratie nicht so weit fortgeschritten wie die der Marktwirtschaft, und zweifellos ist insoweit behutsames und pragmatisches Vorgehen geboten. Aber immerhin werden von den 191 Ländern der Welt mittlerweile 114 mehr oder weniger demokratisch regiert. Mit anderen Worten, wir sind ein gutes Stück vorangekommen, und es lohnt sich, auf diesem Wege weiterzumachen.

Das macht deutlich, daß wir bei meiner Frage »Was ist zu tun?« gar nicht unbedingt in die gedankliche Ferne schweifen müssen. Das Gute liegt durchaus nahe. Eines der Erfolgsgeheimnisse der 40jährigen »Bonner Republik« in Europa, im Nordatlantischen Bündnis, in der Dritten Welt und schließlich auch im Osten war stets die werbende Wirkung unseres wirtschafts- und gesellschaftspolitischen Modells. Nicht nur die professionelle Diplomatie, sondern auch die politischen Stiftungen, die Unternehmen und Wirtschaftsverbände und schließlich die kulturellen Einrichtungen und wissenschaftlichen Institutionen haben diese Muster als Politikangebot zur Diskussion gestellt und sind immer wieder auf beachtliches Interesse gestoßen. Durch Berufsausbildung und Stipendien für Ausländer haben wir nicht nur praktische Hilfe geleistet und den Absatz deutscher Exporte gefördert. Wir haben dadurch auch Vertrauen geschaffen und Freunde gewonnen. Das ist vorausschauendes Handeln, Sicherheitspolitik durch »soft power«.

All dies geschah, wie Sie wissen, stets in engster Partnerschaft mit den USA und wäre ohne die feste Verankerung der Bundesrepublik im Westen gar nicht möglich gewesen. Bei dieser westlichen Verankerung muß es auch bleiben, nachdem der Ost-West-Konflikt beendet ist. Die westlichen Werte brauchen zu ihrer Bewährung nicht etwa der sichtbaren Bedrohung durch den äußeren Feind. Freiheit und Gerechtigkeit gelten seit Aristoteles aus sich selbst heraus. Wir brauchen daher nicht weniger

Partnerschaft mit den USA, sondern mehr, nicht weniger Integration in den Westen, sondern mehr.

Ich stelle aber die Frage: Entsprechen unsere internationalen Konfliktlösungsinstrumente, z.B. Sicherheitsrat und NATO, noch den neuen Herausforderungen? Und: Welche Folgen hat ein solches neues Sicherheitsverständnis auf die Frage unserer Mitgliedschaft im Sicherheitsrat? Weder Einsätze der Bundeswehr noch ein Sitz im Sicherheitsrat dürfen für Deutschland Statusfragen sein. Es muß uns um die Substanz der Probleme gehen. Der wirtschaftspolitische und moralische Einfluß Deutschlands im multilateralen Konzert wird immer stärker und wirksamer sein als das militärische Potential der Bundeswehr. Beides haben wir aber – wenn unumgänglich – im Interesse des internationalen Friedens einzusetzen. Die Qualität unseres Engagements muß unserem gewachsenen Gewicht entsprechen, sonst nimmt uns in der Welt auf die Dauer niemand mehr ernst. Dazu gehört, daß wir daran mitarbeiten, die gegenwärtige Spannung zwischen Globalisierung und Fragmentierung, zwischen weltumspannenden Netzwerken und Anarchie aufzulösen und die Vereinten Nationen zu einem echten politischen System zu entwickeln, das solche Ziele definieren und durchsetzen kann, die nur global definierbar und durchsetzbar sind. Es genügt auch nicht, nur darauf hinzuweisen, was alles die Vereinten Nationen in den vergangenen Jahren nicht geschafft haben. Vieles haben sie eben doch geschafft und das ist m.E. Anlaß genug, sich ernstlich an ihrer Reform zu beteiligen.

Ähnliches gilt für das zukünftige Rollenverständnis des Atlantischen Bündnisses. Nostalgie ist keine geeignete Sicherheitspolitik. Wellington mag nach seinem Sieg von Waterloo noch gesagt haben: »Nächst einer verlorenen Schlacht verursacht fast nur eines ebensoviel Elend: eine gewonnene Schlacht.« Die NATO kann sich diese Betrachtungsweise nach ihrem Erfolg im kalten Krieg nicht lange leisten. Wenn wir die Chance dieses Erfolges nutzen wollen, müssen wir die Atlantische Gemeinschaft, wie Henry Kissinger sagt, neu begründen. Auch für sie hat sich das Bedrohungsszenario gewandelt, liegen die Risiken nicht mehr nur im militärischen Bereich. Auch sie muß »soft power« entwickeln. Das sollte ihr nicht schwerfallen, weil sie sich bereits in ihren Statuten als Wertegemeinschaft und politisches Bündnis definiert hat. Daran erinnert zu haben und das Bündnis auf diesen neuen Kurs eingeschworen zu haben ist ein Verdienst von Manfred Wörner, das ich hier ausdrücklich noch einmal würdigen möchte. Wenn dieses Werk gelingt, wird die NATO das einzige Bündnis auf der Welt sein, das in der Lage ist, auf der ganzen Skala des Einsatzes von »soft power« und »hard power« integriert zu handeln.

Auf die Qualität des Politikangebots wird es schließlich auch bei der Gestaltung der Europäischen Union ankommen. Jeder weiß, wie schwer es den politischen Eliten der Hauptstädte Europas fällt, ihre Denkmuster zu verändern. Jeder weiß, daß mit diesen Denkmustern auch immer ein Stück Einfluß auf das kollektive nationale Bewußtsein verbunden ist. Jeder weiß schließlich, daß der Wettbewerb der nationalen Hauptstädte um Einfluß auf Brüssel manchmal auch ein Wettbewerb der nationalen Eitelkeiten ist. Jeder muß aber auch bedenken, daß die Bevölkerungen diese Spiele kaum noch verstehen und deswegen in der Gefahr stehen, sich von Brüssel abzuwenden. Jeder muß überdies, um ein besonders gravierendes außenpolitisches Beispiel zu nennen, wissen, daß ein Fall wie Jugoslawien nicht noch einmal vorkommen darf, wenn Europa sich nicht aus der Weltpolitik verabschieden will. Ich glaube dennoch, oder gerade deswegen, daß der einzige Weg in die europäische Zukunft das immer wieder neue Werben für sachliche Lösungen gemeinsamer Probleme im europäischen Rahmen ist.

Das beste deutsche Politikangebot für die politische Union Europas sind der Föderalismus und das Prinzip der Subsidiarität. Bieten wir sie geduldig an, bis unsere britischen Freunde erkannt haben, daß Föderalismus das Gegenteil von Zentralismus ist, und bis unsere französischen Freunde ein Gefühl dafür entwickeln, daß auch Vaterländer sich in einer Föderation zusammenfinden und dennoch Vaterländer bleiben können.

Mit ähnlicher Geduld sollten wir fortfahren, für die Einsicht zu werben, daß Erweiterung und Vertiefung der Europäischen Union sich nicht ausschließen. In der Geschichte der europäischen Einigung hat noch jede Erweiterung der Gemeinschaft zu einer Vertiefung des Einigungsprozesses geführt. So wird es auch in Zukunft bleiben.

Wenn wir den Osten nicht stabilisieren, destabilisiert der Osten uns. Auch bei unseren französischen Freunden beginnt diese Logik offensichtlich auf Verständnis zu stoßen, denn inzwischen müssen sie sich an der Südflanke Europas mit einer ganz ähnlichen Herausforderung auseinandersetzen. Die Sicherheit Europas ist aber unteilbar. Osteuropäische Instabilität bedroht auch Frankreich, mediterrane auch Deutschland. Im Zeitalter der Globalisierung von Risiken verliert die Geographie überhaupt an Bedeutung.

Die europäische Integration war stets ein dynamischer Prozeß. Das macht sie zu einem besonders wirksamen Instrument der Stabilisierung. Schon Verhandlungen mit Beitrittskandidaten und deren allmähliche Vorbereitung auf die zukünftige Mitgliedschaft wirken wirtschaftlich und politisch stabilisierend. Das ist ein Aspekt, der das europäische Einigungswerk von einem militärischen Bündnis unterscheidet. Die Diskussion über die Osterweiterung der NATO bedarf mit Rücksicht auf Rußland großer Behutsamkeit. Allzuleicht gleitet sie in das gegenseitige Abstecken von Einflußsphären unter dem Vorwand neuer Bedrohungsszenarien ab. Um so wichtiger ist deshalb die vorauseilende Stabilisierung Osteuropas durch die Perspektive der Osterweiterung der Europäischen Union. Mir scheint, daß es beiden Erweiterungsprozessen durchaus guttun würde, wenn man sie nicht zu dogmatisch aneinander koppeln würde.

Ein Teil der Vorbehalte gegen die Erweiterung der europäischen Union hängt mit der Furcht vor ausufernden Kosten zusammen, und diese Furcht ist verständlich. In der Tat wird man die europäischen Strukturanpassungsprogramme aus der Zeit vor 1989 nicht einfach nach bisherigem Schema auf Osteuropa anwenden können. Die Mittel dafür wären kaum aufzubringen. Viele der neuen Aufgaben im Osten werden also durch neue Ideen erfüllt oder durch Einsparungen im Westen finanziert werden müssen. Das ist auf europäischer Ebene nicht anders als auf deutscher.

Aber gestehen wir uns doch auch ein: Mancher Subventionstopf, manches teure Programm aus der Anfangszeit der alten EG bedarf ohnehin seit langem der grundsätzlichen Überprüfung. Die Osterweiterung der Europäischen Union wäre so nicht nur ein Treibsatz zu ihrer Vertiefung, sondern darüber hinaus auch noch zur Erhöhung der Effizienz ihrer Programme. Ich schlage also vor, aus der europäischen Doppelstrategie »Erweiterung und Vertiefung« eine dreifache zu machen: »Erweiterung, Vertiefung *und* Verschlankung.«

Die Bürger würden es Brüssel danken. Und sie wären ihrerseits leichter für europäisches Engagement zu gewinnen.

Das ist auch schon das Stichwort für meine dritte Frage, nämlich die Frage nach dem geistigen Rüstzeug und den mentalen Voraussetzungen für unser außenpolitisches Handeln.

Zur Zeit liest man wieder viel über den Gegensatz von Interessenpolitik und Verantwortungspolitik. Realisten, so das Schema, betreiben Interessenpolitik, Idealisten Verantwortungspolitik. Die Amerikaner leisten sich diesen Streit schon seit über 200 Jahren, nämlich seit Thomas Jeffersons und Alexander Hamiltons Zeiten. Aber sie *können* ihn sich leisten, weil sie schon immer über eine nationale Tugend verfügten, um die wir Deutschen uns erst noch bemühen müssen, nämlich den Pragmatismus.

Gleichwohl gilt: Unmoralische Politik ist nicht Realpolitik, sondern schlechte Politik. Der Gegensatz zwischen Interesse und Verantwortung besteht nicht, jedenfalls nicht unter den Bedingungen des heutigen internationalen Systems.

Wirtschaftliche Interdependenz, globale Umweltrisiken und neue transnationale Sicherheitsbedrohungen machen die internationale Staatengemeinschaft zu einer Interessengemeinschaft, ob sie es will oder nicht. Kein Staat kann auf Dauer eigene Interessen auf Kosten des anderen verfolgen, ohne schließlich selbst darunter zu leiden.

Das führt zu einer weiteren Frage: Was sind eigentlich deutsche Interessen?

Deutsche Interessen, das sind zunächst unsere unmittelbaren nationalen Interessen wie Sicherheit und Bewahrung von Wohlstand. Es hat keinen Sinn, das verschweigen zu wollen. Unsere Partner würden uns ohnehin nicht glauben, daß wir nur internationalen Altruismus im Schilde führen. Ganz besonders verlangt es die Wahrhaftigkeit zuzugeben, daß wir auch deshalb für weltweite Freiheit des Handels eintreten, weil das in unserem eigenen Interesse liegt.

Aber dabei kann es nicht bleiben, so wahr wir nicht allein auf der Welt sind. Deutschen Interessen entspricht es beispielsweise auch,

- weiter zur Verbreitung der Demokratie in allen Teilen der Welt beizutragen,
- am Ausbau der Vereinten Nationen zu einem echten politischen System mitzuwirken,
- das Atlantische Bündnis auf eine neue Grundlage zu stellen und
- das europäische Einigungswerk zu vollenden.

Deutsche Interessen und deutsche Mitverantwortung für die Weltgemeinschaft decken sich also weithin. Und wenn wir nicht Objekt der weltpolitischen Entwicklung werden wollen, müssen wir als Subjekt der Weltinnenpolitik handeln.

Diese Interessen anzuerkennen heißt natürlich auch, die Folgen daraus ehrlich zuzugeben, also zum Beispiel, daß dafür materielle Lasten übernommen werden müssen; daß aber das Scheckbuch nicht immer ausreicht, sondern daß möglicherweise auch einmal der Einsatz von Leib und Leben gefordert ist. Dazu gehört aber auch, daß es in Fragen von nationaler Bedeutung kein parteipolitisches Klein-Klein geben darf und daß darüber nicht nach Kassenlage, nach dem politischen Meinungsbarometer, auf Parteitagen oder durch Gerichte entschieden werden kann.

Das alles bedeutet nicht, daß jetzt wieder einmal am deutschen Wesen die Welt genesen soll. Vieles mag sich ändern. Nicht ändern werden sich aber die Grundkoordinaten deutscher Politik: unsere Geschichte mit ihren Belastungen, unsere geographische Lage und daraus folgend Eigenschaften deutscher Außenpolitik, die in der »Berliner Republik« ebenso gelten müssen wie in der »Bonner Republik«: maßvolles Auftreten, Berechenbarkeit, Dialogfähigkeit, Kompromißbereitschaft. Worauf wir verzichten können, ist Besserwisserei und moralisierendes Backenaufblasen. Wir sollten uns nicht wichtiger nehmen, als wir sind, aber wir sollten uns auch nicht kleiner machen, als wir sind. Auch das wäre falsch und könnte von den Nachbarn mißverstanden werden. Wir brauchen eine Außenpolitik ohne Zähnefletschen und Tschingdarassabum, aber auch ohne Verkrampfungen.

Woran die Staatengemeinschaft, das Atlantische Bündnis und unsere europäischen Partner interessiert sind, ist das, was Deutschland der jeweiligen Gemeinschaft zu bieten hat. Und das ist beileibe nicht nur deutsches Geld. Es ist auch unser Politikangebot, es sind auch unsere Erfahrungen und unsere Problemlösungen.

Dazu gehört die Einsicht,

– daß es in der Außenpolitik mitunter nützlicher ist, Partner zu gewinnen als Auseinandersetzungen,

– daß es wichtiger sein kann, auf die Würde anderer zu achten, als auf die eigene zu pochen,
– daß es manchmal wirksamer ist, recht zu geben als recht zu behalten.

Eines ist jedoch auch sicher: Außenpolitik in einer unübersichtlich gewordenen Welt erfordert Lernfähigkeit und Lernbereitschaft. Wir müssen unsere Kenntnisse unablässig vertiefen. Wir brauchen eine Quantität von Analyse, die wir noch nicht haben. Die neuen Chancen und Risiken verlangen nach einem neuen Know-how, das die klassische Außenpolitik allein nicht bietet. Die alten Antworten und Instrumente stimmen zum Teil nicht mehr. Wir brauchen auch wirtschaftliche, wissenschaftliche und kulturelle Produktionsquellen für ein neues Know-how.

Vor allem brauchen wir neue Akzente in der auswärtigen Kulturpolitik. Größer und stärker zu werden bedeutet noch nicht automatisch, auch Sympathie und Freunde in der Welt zu gewinnen. Das Gegenteil kann der Fall sein. Je weitreichender deutsche Entscheidungen sind, je mehr mit Interesse darauf gesehen wird, wie wir uns verhalten, desto mehr müssen wir weltweit über uns und unsere Politik informieren. Wir brauchen aktive Sympathiewerbung für Deutschland im Ausland. Das ist nicht nur eine Grundvoraussetzung für unsere Außenpolitik, sondern auch für weltweite Wirtschafts- und Handelsbeziehungen. Deshalb ist das nicht nur eine Aufgabe der Politik und der Kulturinstitutionen, sondern auch der deutschen Wirtschaft. Auch sie sollte sich diesem globalen Anspruch stellen.

Wir befinden uns am Beginn einer neuen Phase deutscher Außenpolitik, die ich die Globalisierung deutscher

Außenpolitik genannt habe. Wir in Deutschland sind erst noch dabei, dazu eine außenpolitische Kultur zu entwickeln. In dieser Phase gibt es noch viel mehr Fragen als Antworten. Einige dieser Fragen, die weiterdiskutiert werden sollten, will ich zum Abschluß nennen und sie der Deutschen Gesellschaft für Auswärtige Politik gewissermaßen ans Herz legen:

1. Der Wegfall der Blöcke führt dazu, daß wir mehr Wissen über mehr Staaten brauchen. Aber auch mit dem Wissen über Staaten können wir uns nicht begnügen, denn schon sind transnationale, nicht staatliche Akteure dabei, globale Realitäten zu schaffen. So stellt sich etwa die Frage, ob wir multinationale Unternehmen und global orientierte Kapitalfonds nur als Herausforderung für größere Anstrengungen zu ihrer Kontrolle betrachten sollen oder ob wir sie auch als Partner globaler Wirtschaftsentwicklung und damit Friedenssicherung gewinnen sollen.
2. Wir erleben in einigen Weltregionen erfreuliche wirtschaftliche Entwicklungen. Wie aber schaffen wir es, daß es nicht zu Marginalisierungen in anderen Bereichen kommt? Weltfrieden gibt es nur global. Ich sehe zum Beispiel mit Sorge, daß in unserer Öffentlichkeit eine gefährliche Resignation in der Entwicklungspolitik einzukehren droht. Auch wenn Rückschläge und Frustrationen nicht zu leugnen sind: Die frühere Dritte Welt gibt es nach wie vor, und sie braucht unsere Hilfe. Hilfe zur Selbsthilfe hat dort nichts von ihrer Aktualität verloren.
3. Einen großen Bedarf an Differenzierung sehe ich beim Szenario der grenzüberschreitenden kulturellen Spannungen. Können wir es uns erlauben, den Islam

nur als fundamentalistische Herausforderung zu betrachten? Welche Chancen bietet der aufgeklärte Islam Bosniens, Malaysias oder Indonesiens? Machen wir uns überhaupt ausreichend klar, daß nach der Bevölkerungszahl Indonesien das größte islamische Land der Welt ist, und machen wir uns hinreichend klar, was sich in dieser Frage in den südlichen GUS-Staaten tut?

4. Gibt es nicht auch in der Menschenrechtspolitik einen Bedarf an Differenzierung? Dürfen wir unser europäisches Menschenrechtsverständnis vollständig jedem anderen Staat und jeder anderen Kultur aufzwingen? Wo genau liegt hier die Grenze zwischen universaler Zivilisation und kulturellem Pluralismus? Beim Leben und dem Verbot der Folter ist das klar. Gilt es aber – beispielsweise – auch für die Freizügigkeit, wenn diese nur zur Bildung von Slums führt? Wie weit geht also der ethische Kern, der allen Kulturen gemeinsam sein muß, und wo beginnt der Bereich, in dem man jeder Kultur die eigene Gewichtung und Prioritätensetzung überlassen muß?
5. Wie schaffen wir es, die Möglichkeiten neuer weltumspannender Informationstechnologien zu kultureller Kreativität zu nutzen und nicht zum Versuch der Ausübung kultureller Hegemonien?
6. Weit offene Fragen gibt es nicht nur auf der globalen Ebene, sondern auch auf der des Atlantischen Bündnisses und der Europäischen Union. Daß das Bündnis, so wie wir uns seine Entwicklung wünschen, ein Kernelement der neuen Weltordnung sein wird, kann keinem Zweifel unterliegen. Aber wie gestalten wir seine Beziehungen zu den Vereinten Nationen? Wie weit

müssen wir hier Arbeitsteilung und Koordinierung systematisieren? Wie flexibel muß sie andererseits bleiben? Diese Fragen sind des Schweißes der Edlen wert, zumal sie kaum Aufschub dulden. Jugoslawien zeigt es uns in aller Dringlichkeit.

7. Das gleiche gilt für die Fortsetzung des europäischen Einigungswerks. Wenn es richtig ist, daß das Ziel nicht ein Europa der einfachen Modelle sein kann, weder ein kontinentaler Einheitsstaat noch die Vereinigten Staaten von Europa nach amerikanischem Vorbild, wo suchen wir dann unsere Analogien? Mit Bundesstaat und Staatenbund kommen wir m. E. auch nicht sehr weit. Können wir dann etwas aus der komplexen, aber vergleichsweise friedlichen Geschichte des Heiligen Römischen Reiches lernen oder – was mir näher liegt – aus der pragmatischen Erfahrung des britischen Commonwealth? Brauchen wir überhaupt ein historisches Leitbild, oder ist der bisherige Schleier der Ungewißheit ein durchaus funktionaler Ansporn für die Erweiterung und Vertiefung der Union? Wo ziehen wir die Grenze zwischen der gefährlichen Sprachlosigkeit, unter der Maastricht litt, und der Gefahr des Zerredens und der dogmatischen Überdefinition, die sich bei uns so leicht einstellt und die das Einigungswerk ebensogut im Keime ersticken könnte?
8. Wie gewinnen wir unsere Bürger für die neue Außenpolitik? Eines ist sicher: Im Stil der Kabinettspolitik des 19. Jahrhunderts werden wir Außenpolitik in Zukunft nicht mehr führen können. Sie muß öffentlich und demokratisch mehrheitsfähig sein. Sie bedarf der politischen Führung, aber nicht nur durch die Exekutive. Außenpolitik muß wieder im Parlament diskutiert

werden. Wir müssen also auch in der Außenpolitik wieder eine demokratische Streitkultur entwickeln, wie wir sie in den 50er Jahren bereits einmal hatten. Nur so erleben die Bürger sie als etwas, was sie persönlich angeht. Nur so erkennen die Bürger, daß nicht nur die Innenpolitik, sondern auch die Außenpolitik ihr Schicksal ist. Nach wie vor gilt in Deutschland ja, daß Wähler mit innenpolitischen Themen gewonnen werden. Müßte es in einer Zeit der Globalisierung nicht gerade umgekehrt sein?

Mit der herzlichen Bitte an die Deutsche Gesellschaft für Auswärtige Politik, sich zum Förderer dieser mentalen Innovation in Regierung, Parlament und Bevölkerung zu machen, möchte ich schließen. Mobilisieren Sie Ihre analytische Kapazität, nutzen Sie Ihr institutionelles Gedächtnis, schaffen Sie Vertrauen durch Ihre internationalen Netzwerke, öffnen Sie Ihr Forum für fairen Dialog. Konrad Adenauer hat es bereits vor 40 Jahren bei der Gründung dieser Gesellschaft gesagt, ich zitiere: »Es ist Aufgabe dieser Gesellschaft, dem deutschen Volk das Verständnis für die Bedeutung der Außenpolitik und für die großen weltpolitischen Fragen zu vertiefen.« Dieser Auftrag ist so aktuell wie eh und je. Ich habe ihm nichts hinzuzufügen.

2. Wachstum jenseits des Wachstums

Rede beim Weltwirtschaftsforum am 28. Januar 1995 in Davos

Das Weltwirtschaftsforum hat sich in den 25 Jahren seiner Existenz einen unübersehbaren Platz im Konzert der internationalen Meinungsbildung geschaffen. Es hat Anstöße nicht nur für die Weltwirtschaft, sondern auch für die Weltpolitik gegeben, zuletzt für den Friedensprozeß im Nahen Osten. »Ideen von heute sind die Taten von morgen« hat Thomas Mann gesagt. Wenn es dieses Forum nicht gäbe, müßte es erfunden werden.

Je mehr ich darüber nachdenke, was Wachstum ist und was jenseits davon liegt, desto mehr erscheint mir das Thema selbst als eine »Herausforderung«. Was uns jenseits des Wachstums erwartet, ist zumindest in einer Hinsicht unweigerlich wieder Wachstum, nämlich ein Wachstum in der Zahl der Herausforderungen und in der Nachfrage nach Lösungen.

Lassen Sie mich auf die Herausforderung Ihres Themas gleich mit einer eigenen antworten und die Frage stellen, ob nicht Wachstum – sei es wirtschaftliches oder gesellschaftliches, materielles oder immaterielles – stets ein Teil der Lösung der Menschheitsprobleme war und bleiben muß. Man denke nur an das Wachstum der Umweltindustrie oder die Lösung der sozialen Probleme durch »Wachstum des Wohlstandes für alle« im Sinne der Lehren Ludwig Erhards. Wenn man etwa bedenkt, daß das Bevölkerungswachstum in den ärmsten Teilen der Welt am größten, in den reichsten dagegen am geringsten ist, dann begreift man leicht, wie wichtig eine Globalisierung des Erhardschen Prinzips wäre.

Natürlich gehe ich davon aus, daß das Weltwirtschaftsforum mit »Wachstum« das wirtschaftliche Wachstum meint. Daß das aber kein Allheilmittel ist, liegt auf der Hand. Das Thema muß also mehr enthalten. Ich stelle mir vor, daß das Weltwirtschaftsforum mit der Frage nach den Herausforderungen jenseits des Wachstums unseren Blick auf ökologische, soziale, politische und kulturelle Probleme lenken will.

Eine lange Liste solcher Probleme bietet sich an:

- das bereits genannte, weitgehend noch ungebremste Bevölkerungswachstum,
- die Verelendung ganzer Regionen in der Welt, vor allem in Afrika,
- Wanderungen, ausgelöst durch Armut oder Menschenrechtsverletzungen,
- die wachsende Zahl von Bürgerkriegen, oft sogar unter mißbräuchlicher Berufung auf die Demokratie,
- die Vorenthaltung des Selbstbestimmungsrechts in zu vielen Staaten,
- der Mißbrauch des Selbstbestimmungsrechts durch manche selbsternannte Kriegsherren,
- die bange Frage, was eigentlich geschehen soll, wenn alle 3500 Ethnien der Welt jeweils einen eigenen Staat bilden wollten,
- die Verführung von Menschen durch fundamentalistische Prediger des Hasses,

- transnationale Kriminalität, vom Atomschmuggel über den Drogenhandel bis zum politischen Terrorismus,
- und schließlich die ökologischen Risiken, über die man sich noch endlos streitet, obwohl man doch eigentlich wissen sollte, daß es für rechtzeitige Vorbeugung irgendwann einmal zu spät sein könnte.

Worauf es ankommt, ist, daß wir lernen, vorausschauend zu handeln. Auf erkannte Risiken, auch solche, die nicht mit letzter Sicherheit bewiesen werden können, sollte man nicht wie der Vogel Strauß reagieren. Vorbeugung ist immer besser als Schadensbegrenzung. Risikoscheues Nichthandeln kann auf Dauer risikoreicher sein als risikobereites Handeln. Dynamische Unternehmer wissen das. Auch die Staaten und die Staatengemeinschaft sollten es erkennen.

Wir leben in einer Zeit des Aufbruchs. So viel Möglichkeiten der Zukunftsgestaltung wie heute gab es noch nie. Was es noch nicht ausreichend gibt, sind institutionelle Ordnungsmuster und unternehmerische Visionen, die den einzelnen Menschen, den Gesellschaften, den Staaten und den Kulturen Ziele und damit auch Zuversicht geben können. Ohne solche Ordnungsmuster und Visionen wirken die Umwälzungen, die wir erleben, für viele Menschen eher beängstigend als ermutigend. Die Gefahren scheinen ihnen größer zu sein als die Chancen.

Daß ich auch »jenseits des Wachstums« auf Wachstum baue, verrät mich als Optimisten, und ich bekenne mich dazu. Es gibt aber auch Indizien, die diesen Optimismus nähren. Ich möchte sechs solcher Indizien nennen.

Das erste Indiz ist, daß der Osten und der Süden der

Welt das enorme Potential des freien Handels und des freien Kapitalverkehrs erkannt haben und zunehmend nutzen. Die freien Märkte sind die Triebkraft der Integration in die Weltwirtschaft. Im Osten sind die marxistischen, im Süden die merkantilistischen Wirtschaftsdoktrinen entthront. Auf allen Kontinenten führen neue regionale wirtschaftliche Zusammenschlüsse – von der NAFTA über die SADC bis zur APEC – zum Abbau von Handelshemmnissen im Innern.

Worum es jetzt geht, ist, auch die Grenzen nach außen offenzuhalten. Diesen Appell richte ich ebenso an die Europäische Union wie an die neuen Zusammenschlüsse. Das Bauen von Wagenburgen ist weder ein Ordnungsmuster noch eine Zukunftsvision.

Das handelspolitische Ordnungsmuster, das wir brauchen, haben wir bereits, und zwar eines, das vor 50 Jahren in Bretton Woods geplant, damals aber noch nicht konsensfähig war: nämlich eine echte Welthandelsorganisation. Der Vertrag zu ihrer Gründung wurde jetzt in einer außerordentlichen Demonstration vorausschauenden Handelns in Marrakesch unterzeichnet und macht gute Fortschritte auf dem Weg zur globalen Ratifizierung. Die europäische Nachkriegserfahrung, daß mit dem Handel auch zwischen miteinander konkurrierenden Industriestaaten der Wohlstand bei allen Beteiligten wächst, hat endlich weltweit überzeugt.

Mein zweites Indiz ist die offene und kreative Diskussion über die Anpassungslasten, die mit dieser Integration der Weltwirtschaft einhergehen. In Deutschland hat der Fall der Mauer etwas ausgelöst, was man häufig den »Vereinigungsschock« nennt. Etwas Ähnliches vollzieht sich im globalen Maßstab bei der Integration von nahezu drei Milliarden Menschen des früheren Ostblocks und der früheren Dritten Welt in die marktwirtschaftlich organisierte Weltwirtschaft. Man könnte das den »Vereinigungsschock der Weltwirtschaft« nennen. Deutschland war gewissermaßen nur ein Laborversuch für eine weltweite Entwicklung. Ich kann berichten, daß der Versuch nach unbestreitbaren Anfangsschwierigkeiten inzwischen erfolgreich verläuft. So hat die deutsche Treuhandanstalt innerhalb von vier Jahren rund 18000 Unternehmen und Unternehmensteile privatisiert. Ich weiß nicht, ob es andere Beispiele eines so rapiden Transformationsprozesses von einer Planwirtschaft in eine Marktwirtschaft gibt.

Unweigerlich wächst auch der globale Wettbewerb der Produkte, der Produktionsverfahren, der Arbeitskosten, der Sozialstandards, der Institutionen und der Standorte. Der Angebotsschock begünstigt die Verbraucher in aller Welt, indem er die Preise senkt. Natürlich bedroht er tendenziell auch bisher sicher geglaubte Arbeitsplätze in Industrie und Landwirtschaft, schürt zumindest die Angst vor dieser Bedrohung. Aber schon zeichnet sich ab, daß der Angebotsschub aus dem Osten und dem Süden durch einen Nachfragesog aus der gleichen Richtung ausgeglichen werden wird. Wie schnell Exporterlöse zu Kaufkraft und Importnachfrage führen können, zeigt das Beispiel Ost- und Südostasiens. Schreiben wir das Wachstum, das sich daraus ergibt, nicht voreilig ab. Betrachten wir die Lage nicht statisch, sondern dynamisch, nicht kurzfristig, sondern langfristig. Haben wir Mut zu neuen Mustern der internationalen Arbeitsteilung. Verzichten wir insbesondere in den Industrieländern auf Erhaltungssubventionen, setzen wir in der jeweiligen Entwicklungsphase unserer Länder auf die Zukunft.

Allerdings müssen die Hochlohnländer des Westens mit Wettbewerbern rechnen, die den scheinbaren Standortvorteil geringerer sozialer Verantwortung, im Klartext: geringerer Sozialkosten haben. Der Begriff »Sozialdumping« wird schon seit der Weltwirtschaftskonferenz im Jahr 1927 diskutiert. Es wäre aber ein fataler Irrtum der westlichen Industrieländer, darauf mit Protektionismus oder mit der Absenkung der eigenen Sozialstandards zu reagieren. Das Gespenst der Depression der 30er Jahre ist nur allzu leicht herbeigerufen. Auch der soziale Friede ist ein positiver Standortfaktor.

Der einzig vernünftige Weg ist die Anhebung des Wohlstands in den Ländern des Ostens und Südens durch freien Handel und auch durch die Kreativität des technischen Fortschritts. Im übrigen verdient die Arbeit der IAO volle Unterstützung. Zur Linderung der sozialen Nöte am Beginn der Entwicklungszyklen kann sie dank ihrer dreigliedrigen Struktur aus Regierungsvertretern, Unternehmern und Gewerkschaftern wirksame und gezielte Hilfe leisten. Soziale Sicherheit muß nicht überall gleich organisiert sein. Aber die dauernde Verweigerung sozialer Gerechtigkeit wird von der konfuzianischen Werteordnung ebensowenig gutgeheißen wie von der islamischen oder der christlichen.

Auch mein drittes Indiz ist eine Antwort auf das Gespenst der Depression. Gleichzeitig mit der Integration der Weltwirtschaft erleben wir eine neue industrielle Revolution. Sie begann in den westlichen Industrieländern lange vor dem Ende des kalten Krieges. Ähnlich wie die traditionelle Industrie vor 100 Jahren die Landwirtschaft als wichtigsten Wirtschaftszweig ablöste, so erwirtschaften die Informationsindustrie und der Dienstleistungssektor heute in führenden Ländern bereits einen höheren Anteil am Bruttosozialprodukt als die traditionellen Industrien.

Nicht der Vereinigungsschock der Weltwirtschaft, sondern der vorausgegangene und noch andauernde Technologieschock ist die tiefere Ursache für die Arbeitsmarktprobleme der traditionellen Industrieländer. Aber Massenarbeitslosigkeit ist kein unentrinnbares Schicksal. Sie droht uns nur, wenn wir die Wirtschaft statisch betrachten, und zwar als Wirtschaft mit konstantbleibender Nachfrage, die nur dank neuer Technologie mit geringerem Aufwand an Arbeitskräften befriedigt wird. Neue Technologie mag – in einer ersten Phase – durchaus ein Jobkiller sein. Wir erleben das in Deutschland im Augenblick in dramatischer Weise. Aber schon das Einkommen aus neuer Technologie ist – in einer zweiten Phase – eine Quelle neuer Arbeitsplätze durch neue Investitionen und durch neuen Verbrauch. Den Managern brauche ich nicht zu sagen, worauf es darüber hinaus ankommt: auf das Schumpetersche Unternehmertum, dessen Angebot sich seine eigene Nachfrage schafft, allerdings nicht in dem billigen Sinne, in dem das der Wirtschaft oft vorgeworfen wird, durch die Verführungen der Werbung allein, sondern durch neue Angebote, die den Beweis ihrer Nützlichkeit in sich tragen. Immer mehr Unternehmer, aber auch immer mehr Haushalte erkennen, daß es sich lohnt, in Wissen und Information zu investieren. Das Wachstum, das sich aus Investitionen in die Köpfe ergibt, ist nahezu unbegrenzt. Das Gesetz der abnehmenden Erträge gilt nicht für das menschliche Wissen.

Das vierte Indiz ist Teil des dritten; ich erwähne es nur deshalb gesondert, weil es der These von den Grenzen des Wachstums am unmittelbarsten widerspricht. Das Wachstum, das sich aus Investitionen in die Köpfe ergibt, ist nicht nur unbegrenzt, sondern auch schonender für die Umwelt als das Wachstum der traditionellen Industrie. Mehr noch: Wir brauchen das Wachstum der Umweltindustrie zur Behebung bereits eingetretener ökologischer Schäden. Zweihundert Jahre ökologischer Rückschritt sind nur durch überkompensierenden technischen Fortschritt umkehrbar. Und schließlich: Solange die Weltbevölkerung sich nicht an die Grenzen des Wachstums hält, sind wir auf das Wachstum der Forschung angewiesen, um diese Weltbevölkerung ernähren zu können.

In der Umweltindustrie hat sich ein neues Feld für den vorauseilenden Wettbewerb Schumpeterscher Unternehmer eröffnet. Die Umwelttechnik bildet heute bereits einen der dynamischen Wachstumsmärkte. Einschließlich der Umweltdienstleistungen belief er sich 1990 auf weltweit rund zweihundert Milliarden US-Dollar. In Deutschland hängen rund siebenhunderttausend Arbeitsplätze von Umweltschutzmaßnahmen ab. Die Prognosen für weitere Entwicklungen sind äußerst optimistisch. Es zeigt sich, daß Ökonomie und Ökologie sich nicht ausschließen, sondern sich gegenseitig bedingen.

Ich sehe ein fünftes Indiz, diesmal im Bereich der mentalen Innovation. Es zeigt, daß Fragmentierung und Anarchie nicht notwendig das Schicksal des internationalen Systems sind. Mit dem Ende der Apartheid in Südafrika wurde Rassendiskriminierung überwunden, die, seit Jahrhunderten, unüberwindbar erschien.

Im Nahen Osten verhandeln jüdische und moslemische Staatsmänner, die sich jahrzehntelang gegenseitig die Existenzberechtigung bestritten hatten, über die Beendigung eines fast fünfzigjährigen Konfliktes. Neben den schlimmen Ereignissen in Jugoslawien, im Kaukasus, in Somalia, in Ruanda und in Algerien mögen diese Beispiele gewiß als Ausnahmen erscheinen. Aber sie belegen ein Potential des Wachstums von Vernunft und Toleranz. Wer das nicht glauben will, möge sich von Israels Außenminister Shimon Peres oder von König Hussein erläutern lassen, wie die Knappheit des Wassers den Arabern und Israelis keine andere Wahl läßt, als sich zu einer friedlichen regionalen Bewirtschaftung zusammenzufinden.

Das Beispiel zeigt, was »soft power«, die Macht der Vernunft, vermag, wenn »hard power«, die Macht im klassischen Sinne, versagt hat, und zwar gerade dann, wenn sie in militärischen Konflikten »losgelassen« wurde. Die Staatsmänner Südafrikas und des Nahen Ostens haben bereits hinter sich, was manchen der Konfliktparteien in Jugoslawien, im Kaukasus oder in Ruanda immer noch nicht dämmert: nämlich die Erkenntnis, daß sie durch den Zyklus der Gewalt nur verlieren können.

Natürlich muß auch die »soft power« auf »hard power« als letztes Instrument bauen können, um notfalls dem Völkermord oder der Aggression begegnen zu können. Aber »hard power« als Selbstzweck führt ins Verderben.

Ein gutes Mittel gegen die risikoreiche Anhäufung von harter Macht als Selbstzweck ist die Demokratie. Zwar ist die Globalisierung der Marktwirtschaft weiter fortgeschritten als die der Demokratie. Aber immerhin werden von den 191 Staaten der Welt mittlerweile 114 demokratisch regiert. Wenn es richtig ist, daß Demokratien untereinander selten oder nie Krieg führen, dann sind wir ein gutes Stück weitergekommen. Man muß nicht eurozentrisch sein, um in der friedlichen Nachkriegsgeschichte Westeuropas Ermutigung zu finden.

Lassen Sie mich mit einem sechsten Indiz schließen. Ich möchte es mit den Worten von Generalsekretär Boutros Ghali umschreiben: »Es gibt Anzeichen dafür, daß das Weltsicherheitssystem, das vor annähernd 50 Jahren in San Francisco geschaffen worden ist, endlich so zu funktionieren beginnt, wie es gedacht war.« Die Väter der Vereinten Nationen hatten eine Blaupause für die Zukunft. Arbeiten wir an ihrer Verwirklichung. Mit wohlfeiler Kritik an den Vereinten Nationen, meist noch dazu anhand überzogener Kriterien, schaden ihre Mitglieder sich nur selbst.

Worum es heute geht, ist das Bauen an einem internationalen politischen System, das zur Formulierung gemeinsamer Ziele und zur Lösung von Problemen fähig ist, die nur auf globaler Ebene lösbar sind. Deutschland, soviel kann ich sagen, ist zur Mitarbeit daran bereit.

Auch die Manager haben, wie ich meine, ein eigenes Interesse an einer solchen institutionellen Innovation. Die globalisierten Märkte brauchen verläßliche Rahmenbedingungen, ein Gefüge nationaler und internationaler Institutionen und Rechtsnormen. Wo sie fehlen, werden Verträge nicht erfüllt, Zahlungen nicht geleistet, Gewinne nicht repatriiert, Kommunikationen nicht übermittelt, Eigentumsrechte nicht gesichert. Als Jurist bin ich froh, daß zu Beginn dieses Jahrzehnts allein zwei Nobelpreise an Vertreter der Institutionenökonomik gingen, deren Arbeit gerade diesen Einsichten galt. Ich jedenfalls betrachte das als ermutigendes Indiz, selbst wenn Sie sagen mögen, daß es nur ein ganz kleines Indiz ist.

Oft heißt es, gemeinsame Institutionen seien ohne gemeinsame Zivilisation nicht möglich und eine solche Zivilisation gebe es nicht. Ich setze dem die These entgegen, daß es sie – ja sogar weitgehend – doch gibt. Die viel beschworenen »clashes of civilisations« sind nicht »clashes« zwischen buddhistischen, christlichen, konfuzianischen, hinduistischen, islamischen und anderen Religionen, sondern zwischen Fundamentalismus und Aufklärung, zwischen Dogmatismus und Pragmatismus, zwischen zivilisiertem Verhalten und unzivilisiertem Verhalten, innerhalb jeder dieser Kulturen. Nur wenn die zivilisierten Mehrheiten aller Länder und aller Kulturen ihre fundamentalistischen Minderheiten auf Dauer gewähren ließen, nur dann könnte das Szenario des globalen Kulturkampfs Wirklichkeit werden.

Die universelle Zivilisation ist durch ein ethisches Minimum identifizierbar, das alle Kulturen verbindet. In der Charta der Vereinten Nationen und der Menschenrechtskonvention von 1948 findet es bereits einen hochentwickelten Ausdruck. Auch Kants kategorischer Imperativ schließt es ein. Es gibt aber auch ein Sprichwort, das fast alle Menschen auf der Welt kennen. Es ist die goldene Regel, die sich bei Konfuzius, den ethischen Grundregeln der Buddhisten und im indischen Nationalepos Mahabharata ebenso wiederfindet, wie in der Bibel: »Was Du nicht willst, das man Dir tu, das füg auch keinem anderen zu.« Als die Vereinten Nationen nach dem Ende des Zweiten Weltkrieges gegründet wurden, da wußte jeder, was gemeint war. Die Risiken, mit denen wir es heute zu tun haben, sind kaum geringer. Beherzigen wir also die goldene Regel, die dem Eigeninteresse und der Moral gleichermaßen entspricht. Wir haben noch keine bessere gefunden.

3. Die Allianz neu begründen

Ansprache anläßlich des 40. Jahrestages des Bestehens der Deutschen Atlantischen Gesellschaft e. V. am 5. März 1996 im »Wasserwerk« des Deutschen Bundestages in Bonn

Wenn man zum vierzigsten Geburtstag geladen wird, dann fällt es einem nicht schwer zu gratulieren. Ein Mensch steht mit vierzig Jahren in der vollen Blüte seines Lebens, und bei einer Institution sollte es nicht anders sein. Man kann bereits auf Erfahrungen zurückblicken, und man hat eine Zukunft vor sich, für die man Pläne schmieden kann.

Bei Institutionen kommt unweigerlich eine Überlegung hinzu. Wenn es richtig ist, daß Generationen im Dreißig-Jahre-Rhythmus wechseln, dann hat eine vierzigjährige Institution die Stafettenübergabe von der ersten an die zweite Generation bereits hinter sich oder ist noch mit ihr beschäftigt.

Es gibt nur wenige Arten von Institutionen, die so stolz auf ihre Gründergeneration sein können, wie die atlantischen. Die alte Garde der Atlantiker blickt auf ein so gewaltiges Werk zurück, daß es für die Nachfolger kein Leichtes sein wird, es ihr gleich zu tun. Sie hat nach dem letzten Weltkrieg erneuert und institutionalisiert, was wir die »Wertegemeinschaft« nennen, und sie hat dafür gesorgt, daß in der atlantischen Region ein halbes Jahrhundert Frieden herrschte.

Daß die Zukunft für die Nachfolgegeneration nicht ganz problemlos sein wird, kann man ermessen, wenn man sieht, wie Teile des Meinungsspektrums auf beiden Seiten des Atlantiks neuerdings mit Werterelativismus liebäugeln, wie Politologen nach neuen Feindbildern, sogar unter den Alliierten, suchen, wie »Geoökonomische Kriegführung« zum Modewort wird, wie für Arbeitslosigkeit im eigenen Land mit populistischen Argumenten der Wettbewerb befreundeter Handelspartner verantwortlich gemacht wird. Nachdem der gemeinsame Gegner entfallen ist, wächst das Risiko, daß jedes Mitglied der Gemeinschaft wieder seine eigenen Interessen definiert. Der Nationalismus, der nach dem Zweiten Weltkrieg für überwunden gehalten wurde, droht an manchen Stellen aus einer Art Winterschlaf zu erwachen.

Daher liegt es nahe, daß wir den vierzigsten Geburtstag der Deutschen Atlantischen Gesellschaft nutzen, um uns in einer Rückschau dessen zu vergewissern, was die Gründer aufgebaut haben. Dann fällt es leichter, in einem Ausblick auf die Zukunft darüber nachzudenken, wie wir es bewahren und erneuern, vertiefen und erweitern können.

Der Rückblick auf die Begründung der Atlantischen Gemeinschaft ist für unsere Zeit aufschlußreicher, als man denkt. Man lese in Dean Achesons berühmtem Buch »Present at the Creation« nach. 1949 wie 1995 war es nicht leicht, die amerikanische Öffentlichkeit von der grundsätzlichen Notwendigkeit fortgesetzten Engagements in Europa zu überzeugen. Das, woran den europäischen Weltkriegsalliierten damals am meisten lag, nämlich die Beistandspflicht der USA, war zugleich das, wovon der amerikanische Senat am schwersten zu überzeugen war. Damals wie heute fürchtete man, automatisch in europäische Konflikte hineingezogen zu werden.

Dean Acheson leistete die Überzeugungsarbeit, die notwendig war, um die Zustimmung zu den Beistandspflichten der Artikel 3 und 5 des Nordatlantik-Vertrages zu erreichen. Er machte klar, daß der Vertrag nicht das Recht der beteiligten Demokratien schmälerte, selbst über Krieg oder Frieden zu entscheiden. Aber er machte ebenso deutlich, daß auch Demokratien moralisch zur Vertragstreue verpflichtet sein können. Acheson nannte den Nordatlantikvertrag einen »open covenant openly arrived at«, einen offen eingegangenen offenen Bund. Und entscheidend ist dabei: Das Atlantische Bündnis war und ist eine Gemeinschaft der Demokratien und eine moralische Gemeinschaft.

Auch der Rückblick auf die Zeit zwischen dem Abschluß des Atlantischen Bündnisses 1949 und dem Beitritt der Bundesrepublik im Jahr 1955 ist für unsere Zeit außerordentlich aufschlußreich. Wieder lohnt es sich, bei Dean Acheson nachzulesen. Schon 1949 ging es ihm darum »Deutschland als gleichberechtigten Partner am Leben eines freien und starken Europas teilhaben zu lassen«. Es traf sich, daß seine Vision Deutschlands und Europas die gleiche war wie die Adenauers. Deutsche Souveränität und Teilhabe an der nordatlantischen Verteidigung im Rahmen der angestrebten Europäischen Verteidigungsgemeinschaft. Immer wieder während der Jahre von 1949 bis 1955 machte Acheson seinen europäischen Partnern klar, daß die Aufrechterhaltung des amerikanischen Interesses für Europa von der Fortsetzung europäischer Bemühungen um eine politisch vereinte und wirtschaftlich sowie militärisch starke europäische Gemeinschaft abhing. Es lohnt sich, im Lichte des Abkommens von Dayton auch heute, immer wieder Dean Acheson zu lesen.

Als das Projekt der Europäischen Verteidigungsgemeinschaft gescheitert war, blieb der Bundesrepublik nur die Alternative, selbst der NATO beizutreten. Das war vielleicht nicht das, was die Gegner der EVG damals wünschten, aber die List der Geschichte hat es gewollt, daß der damalige NATO-Beitritt der Bundesrepublik die Integration des Westens stärkte und so die Chancen der europäischen Einigung langfristig erhöhte. Eine weitere List der Geschichte ließ diesen NATO-Beitritt auch den Grundstein dafür legen, daß Deutschland nach 40 Jahren in einem demokratischen Staat seine Einheit wiederfinden konnte. Es erwies sich, daß Dean Acheson und Konrad Adenauer Recht behielten, als sie 1949 auf die Westintegration der Bundesrepublik als langfristiges Mittel zur Wiedererlangung der Einheit Deutschlands setzten.

Wir haben allen Grund zur Dankbarkeit, daß unserem Land nach der schlimmsten Katastrophe seiner Geschichte das Schicksal des zunächst erwogenen »karthagischen Friedens« erspart blieb und uns statt dessen die Aufnahme in eine neue Gemeinschaft der Demokratien geboten wurde. Dieser Grund zur Dankbarkeit bringt eine historische Verpflichtung für unser Land mit sich. Die Aufnahme in die Gemeinschaft der Demokratien, die Deutschland zu Beginn des kalten Krieges zuteil wurde, dürfen wir nach dessen Ende anderen Völkern in der Mitte und im Osten Europas nicht verweigern. Im Gegenteil, zusammen mit unseren Verbündeten müssen wir alles daran setzen, ihnen diese Chance zuteil werden zu lassen.

Das bringt mich zum Ausblick in die Zukunft der Atlantischen Gemeinschaft. Unendlich viel ist bereits über die Konsequenzen des Endes des kalten Krieges analysiert, prognostiziert und spekuliert worden. Die Welt verändert sich täglich, und wir wissen es. Nur die Konturen dieser Veränderungen kennen wir nicht, und wir wissen auch nicht, welche Gestalt das internationale System im 21. Jahrhundert schließlich haben wird. Nie war die Lage unübersichtlicher als heute. Manche sehnen sich schon nach dem stabilen Gleichgewicht der Abschreckung im bipolaren System zurück.

Ein großer Fortschritt ist jedoch unbestreitbar. Es ist die Überwindung des west-östlichen Systemkonflikts. Daraus auf das Ende der Geschichte zu schließen, war, wie wir heute wissen, voreilig. Ein Trugschluß war auch die Annahme, daß das Ende des Ost-West-Konflikts die Existenzberechtigung der Atlantischen Gemeinschaft in Frage stellen oder daß der Wegfall der äußeren Bedrohung den Anreiz zur inneren Integration entfallen lassen würde. Es war ein doppelter Trugschluß, im Gedanklichen und im Tatsächlichen.

Gedanklich falsch ist im Falle der Atlantischen wie der Europäischen Gemeinschaft schon die Annahme, sie bedürften der Zementierung durch äußere Bedrohung. Die Atlantische Gemeinschaft wäre keine Wertegemeinschaft, wenn sie ihre Substanz nicht in sich selbst fände. Die Substanz einer Gemeinschaft der Demokratien liegt ja schon begrifflich auf der Hand. Es ist die Demokratie, es sind die Menschenrechte, es ist das Prinzip der offenen Gesellschaft und der freien Wirtschaft, es sind die humanistische Kultur und die Traditionen der Aufklärung. Schon die Statuten der Allianz und auch das Gründungsprotokoll der Deutschen Atlantischen Gesellschaft vom 20. März 1956 machen das deutlich: Was die Atlantische Gemeinschaft vereint, geht über die militärische Zusammenarbeit weit hinaus in das politische, wirtschaftliche und kulturelle Leben.

Im übrigen ist es auch ein Trugschluß, daß es keine Bedrohung mehr gibt. Sie ist zwar nicht mehr nur militärischer Art und kommt auch nicht mehr nur aus Richtung Osten, aber sie ist möglicherweise gefährlicher als der kalte Krieg. Es sind die neuen Sicherheitsrisiken, die transnational wirken und uns die Machtlosigkeit der Nationalstaaten, auch der mächtigsten, täglich vor Augen führen: Bevölkerungsexplosion, Klimaveränderungen, Armutswanderungen, Handelskriege, Währungsturbulenzen, Atomschmuggel, Drogenhandel, Völkermorde, Zerfall staatlicher Ordnungen und vor allem: Fundamentalismen jeder Couleur.

Ein Beispiel für die zuletzt genannte Gefahr erleben wir in diesen Tagen: in den Terroranschlägen, die Israel in Angst und Schrecken versetzen. Mit Bestürzung und Abscheu nehmen wir diese Vorgänge zur Kenntnis; denn sie zeigen einmal mehr, zu welch Unfaßbarem Menschen fähig sind. Aber ein weltweit funktionierendes Konzept gegen solche Attentäter und ihre Hintermänner gibt es nicht – vielleicht noch nicht. Es bleibt die Hoffnung, daß der Friedensprozeß, der so erfolgreich in Gang gekommen ist, durch Besonnenheit und Mäßigung gerettet werden kann, und der Appell an alle Staaten, Tätern und Drahtziehern keine Unterstützung zu gewähren, auch nicht moralisch.

Lassen Sie mich auf mein eigentliches Thema zurückkommen. Was wir wirklich brauchen, ist eine Weltordnungspolitik, verstanden als Beginn einer Weltinnenpolitik, und kein Bündnis der Welt wäre besser geeignet, sich in den Dienst einer solchen Weltordnungspolitik zu stellen, als das atlantische. Schon bei einem anderen 40jährigen Geburtstag, dem der Deutschen Gesellschaft für Auswärtige Politik, habe ich die Einzigartigkeit dieses Bündnisses hervorgehoben.

Aber heute möchte ich diesen Ausblick auf die Zukunft der Atlantischen Gemeinschaft vor allem auf die Entwicklung Europas in dieser Allianz richten, das heißt auf ihre Öffnung nach Osteuropa, das Verhältnis zu Rußland und das europäisch-amerikanische Innenverhältnis.

Daß die Allianz sich Anträgen mittel- und osteuropäischer Staaten auf Mitgliedschaft nicht verweigern kann, ergibt sich aus ihrem schon von Acheson formulierten Selbstverständnis als »open covenant openly arrived at«. Jede andere Haltung würde die Selbstverleugnung dieses Bundes bedeuten. Das Entscheidende ist, daß neue Mitglieder gefestigte Demokratien sein müssen, die sich von den europäischen Erblasten des Nationalismus weitgehend freigemacht und zu den Prinzipien der offenen Gesellschaft, der freien Wirtschaft und der humanistischen Kultur zurückgefunden haben.

Bei unseren russischen Freunden möchte ich für die Erkenntnis werben, daß bei Anlegung dieser Kriterien kein Beitritt eines mittel- oder osteuropäischen Landes zur Atlantischen Allianz als Bedrohung empfunden werden kann. Auch Rußland wird anerkennen, daß es sich bei einem solchen Schritt um den Ausdruck des freien Willens unserer gemeinsamen Nachbarn und nicht um eine vom »bösen Westen« aufoktroyierte Maßnahme handelt. Rußland hat sich in der Zeitenwende nach 1989 selbst auf den Weg in die Demokratie und der marktwirtschaftlichen Reformen begeben. In seinem Beitritt zum Europarat kommt sein Bekenntnis zu den Menschenrechten und damit seine Rückkehr zur Tradition des Humanismus zum Ausdruck. Mit diesem Bekenntnis wäre es unvereinbar, wenn es das Ende des kalten Krieges als »karthagischen Frieden« unter dem Diktat des Westens mißverstünde.

Das russische Volk versteht es ohnehin nicht so. Und ich appelliere an die russischen Eliten, sich von dem außenpolitischen Denken in Kategorien der Macht und der Einflußsphären zu entfernen und durch aktive Mitarbeit in der OSZE, in der G7, vor allem aber in fruchtbarer Partnerschaft mit der Atlantischen Allianz an dem Geflecht euroatlantischer Sicherheitsstrukturen teilzunehmen. Die russische Beteiligung an IFOR in Bosnien ist dafür ein besonders ermutigendes Beispiel.

Zum Schluß möchte ich zu der meines Erachtens wichtigsten unerledigten Aufgabe der Atlantischen Allianz kommen. Sie liegt im europäisch-amerikanischen Innenverhältnis. Woran das liegt, brauche ich nicht wortreich zu beschreiben. Die Krise in Bosnien hat die sehr beschränkte außen- und sicherheitspolitische Handlungsfähigkeit Europas bloßgestellt. Wieder ist man an die Zeit des Scheiterns der Europäischen Verteidigungsgemeinschaft in den 50er Jahren erinnert. Die Leviten, die Richard Holbrooke den Europäern kürzlich las, mögen manchen europäischen Außenpolitiker, der sich redlich um den Frieden in Bosnien bemüht hatte, schmerzlich getroffen haben. Aber nicht anders dachte und sprach

Dean Acheson, als er 1952 zum letzten Mal an einer NATO-Rats-Tagung teilnahm: »Wenn die europäischen Einigungsbemühungen scheitern sollten, würde die Grundlage für unser unterstützendes Engagement entfallen. Dieses Engagement wäre lohnend und nötig, wenn es den Europäern helfen würde, ein neues und starkes Europa zu bauen. Donquichotterie wäre es dagegen weiterzumachen, wenn die Europäer ihre eigenen Bemühungen aufgäben.«

Die Kontinuität dieser amerikanischen Haltung wird nur allzuoft übersehen. Das Argument, man könne auf eine starke europäische Verteidigung verzichten, da man ja die Atlantische Gemeinschaft habe, ist nicht nur eine Selbsttäuschung, sondern eine auf Dauer unerträgliche und deswegen unrealistische Zumutung für die Amerikaner, die sich ja auch zu jedem ihrer Engagements demokratisch entscheiden müssen.

Die Frage ist hochaktuell. Denken Sie nur an zwei Daten in diesem Jahr, die leicht zu Schicksalsdaten werden können. Denken Sie an die bevorstehende europäische Regierungskonferenz, die auch über neue Entscheidungsstrukturen in der europäischen Außen- und Sicherheitspolitik zu entscheiden hat. Und denken Sie gleichzeitig an den Dezembertermin des Dayton-Abkommens, bei dem darüber zu entscheiden sein wird, ob die NATO-Friedensmission in Bosnien erfolgreich war oder nicht, ob sie verlängert werden muß oder nicht, und gegebenenfalls durch wen.

Ich will mit zwei Thesen schließen:

Erstens, die Europäer leben zu einem erheblichen Teil immer noch in geborgter Sicherheit. Sie brauchen eigene sicherheitspolitische Handlungsfähigkeit, um wirkliche Partner der Amerikaner, das heißt zusammen mit ihnen Produzenten von Sicherheit zu werden.

Hier ist also auch die Bundesrepublik Deutschland gefordert, die in den 40 Jahren des kalten Krieges wie keiner der Partnerstaaten vom Schutz der NATO profitiert hat. Deshalb war das Urteil des Bundesverfassungsgerichts vom 12. Juli 1994 so immens wichtig.

In der öffentlichen Debatte in Deutschland taucht gelegentlich die Befürchtung auf, Auslandseinsätze der Bundeswehr könnten zu einer »Militarisierung« der deutschen Politik führen. Dieser Gedanke scheint mir in mehrfacher Hinsicht falsch zu sein. Im eigentlichen Sinn bedeutet Militarisierung ja doch wohl, daß politische Entscheidungen von militärischen Erwägungen dominiert werden. Ich vermag das beim besten Willen nicht zu erkennen und sehe den Primat der Politik daher nicht gefährdet. Dies hat ja auch in der Zustimmung des Deutschen Bundestages zum Bosnien-Einsatz seinen Ausdruck gefunden.

Zum Konsens unseres Landes gehört aber auch, daß – und hier darf ich Verteidigungsminister Volker Rühe zitieren – eine »Kultur der Zurückhaltung« geübt wird. Ich möchte diese Formulierung noch ergänzen und von einer »Kultur der Zurückhaltung und der Abstimmung mit unseren Verbündeten« sprechen. Wenn es eine zentrale Erfahrung der deutschen Geschichte dieses Jahrhunderts gibt, so kann diese doch nur lauten: keine Alleingänge.

Nun meine zweite und letzte These: Wenn das Projekt einer handlungsfähigen Europäischen Union scheitert und wenn Europa in Krisen wie Bosnien versagt, gerät langfristig auch der Fortbestand des Atlantischen Bündnisses ins Gerede. Dann ist auch die geborgte Sicherheit in Gefahr.

In diesem Zusammenhang können wir die Wiederannäherung unserer französischen Nachbarn an wichtige Gremien des Bündnisses nur auf das angelegentlichste begrüßen. Ein französischer Beobachter hat diese Entscheidung als eine »kleine Kulturrevolution« bezeichnet, weil damit klar ist, daß wir Europäer unsere sicherheitspolitische Identität fortan innerhalb des Bündnisses und nicht außerhalb suchen werden.

Ich möchte mit einem Zitat schließen, das wir dem Schweizer Historiker Johannes von Müller verdanken:

»Alle Bündnisse erfordern Gleichheit, nicht eben der Größe, aber des Zwecks; ihr Grund ist redliches Vertrauen auf gemeinsamen Willen.«

Die Deutsche Atlantische Gesellschaft war in den vierzig Jahren ihres Bestehens immer darum bemüht, diesen gemeinsamen Willen zu festigen und dieses redliche Vertrauen zu pflegen und zu erhalten. Dabei weiß sie uns auch in Zukunft an ihrer Seite.

II. Vision Europa

4. Warum Europa, wie Europa, für wen Europa?

Ansprache vor dem Europäischen Parlament am 10. Oktober 1995 in Straßburg

Wir haben eine Vision, und diese Vision heißt Europa. Aus Erfahrungen gemeinsamer Geschichte sind immer wieder Visionen für die Zukunft entstanden. So ist es auch heute, nach dem Ende des kalten Krieges und am Beginn eines neuen Jahrhunderts. In Maastricht haben wir einen Vertrag geschlossen, der das Einigungswerk weiter treibt als je zuvor. Wir haben uns zur politischen Union und zur Wirtschafts- und Währungsunion verpflichtet. Die Integration West- und Nordeuropas wirkt wie ein Magnet auf Osteuropa und auf den Mittelmeerraum. Die Erweiterungsdiskussion dynamisiert die Vertiefungsdiskussion. So war es schon immer, so ist es auch heute.

Allerdings sind Visionen unbequem, anders als Utopien! Für den Eintritt einer Utopie ist niemand verantwortlich, weil sie gar nicht eintreten kann, für die Erfüllung von Visionen sind wir es selbst.

Jede Vision trägt auch das Risiko des Scheiterns in sich. Man tut also gut daran zu wissen, was auf dem Spiel steht. Ich bin nach Straßburg gekommen, um Fragen zu stellen, die sich die Bürger in allen Ländern unseres Kontinents stellen. Es sind drei Fragen, auf die die Brüsseler Technokraten ebenso wie die politischen Eliten der nationalen Hauptstädte überzeugende Antworten finden müssen, wenn sie nicht selbst politischen Schaden nehmen wollen.

– Warum Europa?
– Wie Europa?
– Für wen Europa?

Ich kann den politischen Entscheidungsträgern die Antworten nicht abnehmen. Da ich viel mit Bürgern verschiedenster Herkunft zu tun habe, kann ich aber einige Sorgen, Erwartungen und Hoffnungen nennen, die gewisse Antworten zumindest nahelegen.

Zunächst zur Frage »Warum Europa«.
Ich höre gelegentlich die These, nach dem Ende des kalten Krieges sei der äußere Feind und damit der Anreiz zur inneren Integration Europas entfallen. Die Frage ist nicht neu. Sie ist 2000 Jahre alt. Schon der alte Cato fragte nach dem Fall von Karthago: »Was wird Rom sein ohne seine Feinde?« Also kommt es darauf an, ob Europa sich nicht nur negativ als Gegenmodell, sondern ob es sich auch positiv aus seiner Substanz heraus definieren kann. Darauf gibt es – wenn ich es recht sehe – zwei Antworten.

Erstens war der Entwurf Jean Monnets, Robert Schumans, Alcide de Gasperis, Paul-Henri Spaaks und Konrad Adenauers weit mehr als ein Reflex auf äußere Bedrohung. Er war die Renaissance einer 1100 Jahre alten Idee der innereuropäischen Versöhnung. Von den Enkeln Karls des Großen war sie 842 in den Eiden von Straßburg auf deutsch, französisch und lateinisch formuliert worden. Es waren die ersten schriftlichen Zeugnisse der deutschen und französischen Sprache überhaupt. Können sich französische und deutsche Europäer einen besseren Symbolismus wünschen, als die Tatsache, daß sich der Ursprung ihrer Sprachen in einem Eid der Versöhnung findet? In den nächsten tausend Jahren wurde die Verpflichtung dieses Symbolismus – wie wir alle wissen – allzu oft vergessen, mit selbstzerstörerischen Folgen für Europa. Die ethische Lektion dieser Geschichte wurde dann zur Triebkraft für die europäische Friedensordnung nach dem Zweiten Weltkrieg. Die Botschaft der Versöhnung ist die beste Botschaft, die Europa auch heute der Welt bieten kann.

Die Vision Jean Monnets war jedoch auch ein Projekt der schöpferischen Zukunftsgestaltung. Der Bildung der ersten europäischen Wirtschaftsgemeinschaft folgte sofort eine präzedenzlose Blütephase der europäischen Geschichte. Heute mögen die Römischen Verträge angesichts der Debatte über die Durchführung des Vertrages von Maastricht schon fast vergessen sein. Damals aber waren sie eine europäische Revolution mit wirtschaftlichen, außenpolitischen und vor allem geistigen Folgen, von denen wir noch heute profitieren. Es wurde ein Modellversuch für die ganze Welt.

Außerdem ist schon die Annahme, seit dem Ende des kalten Krieges gebe es keine Bedrohung mehr, falsch. Mittlerweile ist man fast versucht, der Stabilität des bipolaren Systems im Gleichgewicht der Abschreckung nachzutrauern. Das Gemisch neuer Sicherheitsrisiken ist instabil und daher möglicherweise viel gefährlicher: Bevölkerungsexplosion, Klimaveränderungen, Armutswanderungen, Atomschmuggel, Drogenhandel, Fundamentalismen jeder Couleur, Völkermorde, Zerfall staatlicher Ordnungen.

Viele dieser Risiken wirken transnational. Die Machtlosigkeit der Nationalstaaten gegen sie wird täglich augenfälliger. In einem solchen Umfeld gibt es kein Gleichgewicht mehr. Bosnien hat es erneut gezeigt. Der anachronistische Rückfall in ein »Balance-of-Power«-Denken, auch unter europäischen Partnern, hat den Krieg nur verlängert und verschlimmert. Darüber hinaus hat sich Europa mangels einmütiger Strategien als handlungsunfähig erwiesen. Erst die klare Sprache Präsident Chiracs gegenüber den Serben, das unmißverständliche Eingreifen der NATO und die konstruktive amerikanische Diplomatie haben Bosnien dem Frieden wenigstens näher gebracht. Gerade diese Erfahrung zeigt, daß wir ein Europa brauchen, das politisch – und auch sicherheitspolitisch – handlungsfähig ist.

Gegen die um sich greifende Anarchie gibt es nur eine Strategie: soviel Integration wie nötig und möglich. Keine Region der Welt hat da bessere Chancen als Europa, und wir sollten alles daran setzen, diese Chance nicht zu verspielen!

Von der gleichen Logik sollten wir uns auch bei der Erweiterung der Europäischen Union leiten lassen. Ich kann immer nur wieder an den Satz von Vaclav Havel erinnern: »Wenn wir den Osten nicht stabilisieren, destabilisiert der Osten uns.« Auch in den westlichen und südlichen Mitgliedsländern beginnt diese Logik auf Verständnis zu stoßen, denn inzwischen müssen sie sich im Mittelmeerraum mit ganz ähnlichen Herausforderungen auseinandersetzen. Die Sicherheit Europas ist jedoch unteilbar. Osteuropäische Instabilität bedroht auch Frankreich, mediterrane Instabilität auch Deutschland. Gegenüber den heutigen transnational wirkenden Sicherheitsrisiken verliert die Geographie und mit ihr auch manches alte geopolitische Denken an Bedeutung.

Daß die Stabilisierung des Mittelmeerraums eine Herausforderung an Europa ist, in der sich Außen- und Innenpolitik, Kultur- und Gesellschaftspolitik verbinden, wird täglich deutlicher. Wie fragwürdig auch das Szenario des »clash of civilizations« sein mag, im Verhältnis zum Islam muß Europa alle Ressourcen seiner integrativen Kraft mobilisieren.

Außen- wie innenpolitisch gibt es nur eine Friedensstrategie, die Strategie der Verständigung. Europa wird von der internationalen Staatengemeinschaft an der Art gemessen werden, wie es diese Herausforderung meistert. Nicht nur sein Ansehen, sondern auch sein Einfluß auf die Weltpolitik und die Weltwirtschaft wird davon abhängen. Es wäre absurd, wenn Europa die Strategie der Integration gerade in dem Moment vergessen würde, in dem der Rest der Welt beginnt, sie von Europa zu lernen. Defensiver Eurozentrismus wäre eine Falle, die wir uns selbst stellen würden.

Aber, so heißt es dann oft, Sicherheitspolitik ist Sache der politischen Klassen. Was den Bürger interessiere, das sei die harte Mark im Portemonnaie oder der feste Job bei Pechiney. Ich glaube zwar nicht, daß die wirtschaftlichen Interessen das Maß aller Dinge sind. »L'intendance suit«, sagte schon Charles de Gaulle, »der Troß folgt der Armee« und läuft ihm nicht voraus. Und es stimmt ja: Die allzu einseitige Betonung der Wirtschaft war gerade das Defizit der alten EG, um dessen Abbau es nun seit Maastricht geht. Es geht auch nicht nur um Politik im traditionellen Sinne. Entscheidend wird die Zukunft Europas auch von der Bündelung seiner Kräfte in Kultur, Wissenschaft und Information abhängen.

Gewiß, Europa ist die Weltregion mit der höchsten Vielfalt unterschiedlicher Sprachen, Kulturen und Lebensformen. Und doch hat es sich von der Antike bis heute stets als Einheit verstanden, die mehr als ein bloßer geographischer Begriff ist. José Ortega y Gasset hat es eindringlicher als alle anderen ausgedrückt: »Machten wir heute eine Bilanz unseres geistigen Besitzes auf, so würde sich herausstellen, daß das meiste davon nicht unserem jeweiligen Vaterland, sondern dem gemeinsamen europäischen Fundus entstammt. In uns allen überwiegt der Europäer bei weitem den Deutschen, Spanier, Franzosen. Vier Fünftel unserer inneren Habe sind europäisches Gemeingut.«

Aber ohne die Wirtschaft geht es eben auch nicht, und an den Devisenmärkten sehen wir gerade in diesen Tagen wieder einmal, wie ernst wir den »Troß« im Interesse unserer Bürger nehmen müssen. Nach wie vor liefert die Wirtschaft die handfestesten Beweise für den Sachzwang zur Integration in Europa. Die Zeit der nationalen Wirtschaften ist lange vorbei. Die deutschen Bürger, die fürchten, ihre harte Mark in der Währungsunion zu verlieren, argumentieren durchaus aus einer berechtigten Position. Aber sie müssen sich auch sagen lassen, daß die Härte dieser Mark schon heute nicht allein in der Hand der Deutschen Bundesbank liegt. Sie hängt auch von der Offenheit ausländischer Märkte für deutsche Exporte ab, die allein 30% des deutschen Bruttosozialprodukts ausmachen. Und mehr als zwei Drittel aller deutschen Exporte gehen wiederum in europäische Länder. Mit anderen Worten: Die Härte der D-Mark war stets auch ein

Gewinn, der der wirtschaftlichen Integration Europas zu verdanken war.

Schon heute sehen wir, daß nationale Interessen im wirtschaftlichen Bereich überhaupt nicht mehr verläßlich definiert werden können. Lassen Sie mich versuchen, für den Bürger ganz deutlich zu machen, worum es beim Streit der Währungsexperten eigentlich geht.

Verbraucher, die ihr Einkommen aus fest verzinslichen Ersparnissen beziehen, sind an einer festen oder gar überbewerteten Währung interessiert, weil sie sich für eine solche Währung mehr kaufen können. Produzenten und Arbeitnehmer, die ihr Einkommen aus Unternehmen oder Arbeitsverträgen in der Exportindustrie beziehen, neigen dagegen eher zur Präferenz für eine weiche oder gar unterbewertete Währung, weil sie ihre Produkte im Ausland billiger macht und deswegen Absatz und Arbeitsplätze sichert. Wir haben bei unendlich vielen Regierungsgesprächen in den letzten Monaten erlebt, wie nach innen anders argumentiert werden mußte als nach außen. Das Problem, an dem wir nicht vorbeikommen, ist jedoch, daß in der Brust der meisten Menschen eben die berühmten zwei Seelen nebeneinander wohnen, eine Verbraucherseele und eine Produzentenseele. Ein zweites Problem ist, daß sich in der Wirtschafts- und Währungspolitik mancher Länder die Produzentenseele stärker niederschlägt – so offenbar zeitweilig in den USA und in den sogenannten Weichwährungsländern – in anderen Ländern dagegen, so insbesondere in Deutschland, die Verbraucherseele. An der Vereinigung der beiden Seelen geht kein wirtschaftspolitisch vernünftiger Weg vorbei. Es hat ja jeder Mensch auch nur eine Seele.

Die beste Währungspolitik ist also eine solche, die Unter- und Überbewertungen gleichermaßen vermeidet, so daß die Interessen der Verbraucher und die Interessen der Produzenten zum Segen der Gesamtwirtschaft einigermaßen ausgeglichen sind. Der beste weltwirtschaftlich mögliche Weg dazu ist die internationale Koordination der Wirtschaftspolitik. Der noch bessere europäische Weg aber ist die europäische Wirtschafts- und Währungsunion.

Ich will auch sagen, was uns droht, wenn wir diesen Weg nicht gemeinsam finden. Es drohen Abwertungswettläufe, Handelskriege, Protektionismus, Renationalisierung der Wirtschaftspolitik, Deflation, vielleicht sogar Depression. Das wäre, um es kurz und bündig zu sagen, ein Rückfall in die dreißiger Jahre. Wie real diese Gefahr sein kann, wenn wir nicht achtgeben, zeigen der Handelskrieg zwischen den USA und Japan, die gefährliche Deflation in Japan und die daraus resultierenden Währungsturbulenzen. Wir können die Augen nicht davor verschließen, daß diese Währungsturbulenzen auch in Europa Arbeitsplätze und Ersparnisse bedrohen können.

Bitte fragen Sie die Bürger in Ihren Wahlkreisen, ob sie ein derartiges Spiel mit dem Feuer wollen. Ich bin überzeugt, daß die europäischen Bürger vernünftiger sind, als die europessimistischen Meinungsumfragen sie erscheinen lassen. Die Bürger sind überhaupt meistens vernünftiger als die Fachleute. Es kommt nur darauf an, daß man klar und verständlich mit ihnen redet.

Das gilt auch für Fragen des Lebensgefühls und der Kultur. Franzosen und Deutsche, Briten und Italiener, Spanier und Schweden, Dänen und Griechen denken unbewußt schon sehr viel europäischer, als manche nationale Politik es wahrhaben will. Ihr tägliches Leben ist ja auch schon lange europäisch geprägt. Das zeigt sich in den Reisen, die sie unternehmen, in den Touristen, die sie empfangen, im Warenangebot jedes einzelnen Geschäfts, in den Eßgewohnheiten und in den Moden, in der Kunst und in der Wissenschaft. Vor allem zeigt es sich in den Jugendkontakten, die sich mit immer größerer Selbstverständlichkeit grenzüberschreitend organisieren. Ich sage bewußt nicht, daß sie organisiert werden, was auch notwendig ist, sondern daß sie sich weitgehend selber organisieren. Auf die Frage »Warum Europa?« gibt es also auch die Antwort: weil die gemeinsame europäische Kultur schon da ist, weil man sie im Westen des Kontinents nicht verlieren möchte, und weil man sie auch im Osten wieder frei pflegen und gestalten kann. Selbst auf dem Weg zur viel diskutierten inneren Einheit Deutschlands bietet sich diese europäische Kultur als »Abkürzungsweg« an. Zumindest die Jugend, das zeigen mir zahllose Gespräche, die ich fast täglich führe, nutzt diesen Abkürzungsweg massenhaft.

Wer einmal die Frage »Warum Europa« beantwortet hat, dem fallen auch die Antworten auf die Fragen des »Wie« und des »Für wen« leichter. Ich will mich deswegen hier ziemlich kurz fassen.

Zunächst zur Frage des »Wie«.
Als deutscher Verfassungsrechtler bin ich von Haus aus Anhänger einer politischen Organisationsform, die mit dem Buchstaben F beginnt, die aber neuerdings, wie Sie wissen, in der europäischen Debatte nicht mehr erwähnt werden darf. Selbst in die Europapolitik haben offenbar

die Tabus der »political correctness« schon Einzug gehalten.

Wie dem auch sei, ich halte die erwähnte Organisationsform, die mit F beginnt, nach wie vor für eines der besten Politikangebote der Geschichte, vom Städtebund der griechischen Antike bis zu der sich abzeichnenden Friedenslösung für Bosnien. Der Föderalismus, nun ist es mir doch herausgerutscht, ist ja das Gegenteil von Zentralismus, ist, wie man an der deutschen Nachkriegsgeschichte sehen kann, geradezu eine Methode der Dezentralisierung. Er sollte deswegen auch die angelsächsischen Europäer nicht erschrecken. Daß der Erzzentralist Alexander Hamilton als Gegenspieler Thomas Jeffersons 1791 eine Partei gründete und diese Partei »Federalist Party« nannte, kann doch wirklich nur Hamilton, nicht aber dem Föderalismus vorgeworfen werden.

Andererseits gewährleisten föderale Entscheidungsprozesse auch die Rationalität und Effektivität, die insbesondere der großen französischen Staatstradition stets am Herzen lagen. Nichts hindert Vaterländer daran, sich in einer Föderation zusammenzuschließen und dennoch Vaterländer zu bleiben. Ich bin auch Bayer und trotzdem deutscher Bundespräsident. Europa als »patrie des patries« hat auch in den Ohren eines Föderalisten einen ausgezeichneten Klang. Schließlich waren es ja nicht Vertreter eines deutschen Partikularismus, die zuerst den Begriff der »Vereinigten Staaten von Europa« prägten, den ich gar nicht verwende, sondern es waren große Franzosen wie Saint-Simon und Victor Hugo. Nichts zwingt die Mitglieder der Europäischen Union – und das sage ich jetzt im Ernst –, gerade das schweizerische, amerikanische oder gar deutsche Modell des Föderalismus zu wählen. Es gibt doch ganz unbestreitbar auch noch die tröstliche Möglichkeit, sich eine ganz andere, ganz neue föderale Variante einfallen zu lassen. Hier liegt, wie ich meine, eine der größten Aufgaben und Chancen des Europäischen Parlaments. Die Debatte über die zukünftige politische Organisation der Europäischen Union gehört ins Parlament. Hier kann der europäische Souverän, wenn es ihn denn schon geben sollte, sich äußern. Und: Je mehr er sich äußert, desto mehr »gibt es ihn« auch.

Die Lektion der Bescheidenheit, die Bosnien uns Europäern erteilt hat, sollte genügen, um uns drei Einsichten zu vermitteln, die die Einigung über das Verfahren der gemeinsamen Außen- und Sicherheitspolitik fördern könnten:

- Erstens: Einstimmige Entscheidungen entfalten nach außen größere Wirksamkeit als knappe Mehrheitsentscheidungen, die vom innereuropäischen Meinungsstreit gekennzeichnet sind.
- Zweitens: Mehrheitsentscheidungen sind andererseits besser als gar keine Entscheidungen, da sonst andere Mächte über europäische Schicksalsfragen entscheiden und wir dann nur hoffen können, daß sie es in unserem Sinne tun. Das wird bei amerikanischen Entscheidungen in der Regel der Fall sein. Wie immer man es drehen und wenden will, die USA bleiben eben doch immer auch eine »europäische Macht« und wir sollten froh darüber sein. Andererseits können wir aber nicht immer von den Amerikanern verlangen, daß sie für uns die Kastanien aus dem Feuer holen.
- Drittens: Beherzte Führerschaft und der Mut, frühere eigene Positionen auch einmal zu überdenken, sind

immer noch der beste Weg für große Nationen, im europäischen Meinungsbildungsprozeß nicht minorisiert zu werden.

Eine zweite Lektion wird uns durch die gegenwärtigen Währungsturbulenzen erteilt. Ihre Botschaft ist zweifach:

- Erstens: Eine Währungsunion ist nicht ohne politische Union denkbar. Insofern kann ich Bundesbankpräsident Tietmeyer nur zustimmen.
- Zweitens: Öffentlich ausgetragene Meinungsverschiedenheiten über die Erreichbarkeit der Währungsunion innerhalb der gesetzten Frist und über die Beitrittsfähigkeit bestimmter Länder können nicht nur die Währungsunion, sondern auch die politische Union gefährden. Insofern stimme ich Premierminister Juppé von Herzen zu.

Daß ich beiden so uneingeschränkt zustimmen kann, bedeutet nicht, daß ich dazu neige, dialektisch zu denken. Mir geht es nur um die dringend notwendige Erweiterung des Blickfeldes. Ein allzu starres sektorales Denken – der eine ist für das, der andere für jenes zuständig – birgt stets die größten Gefahren für die Europäische Union.

Damit komme ich zu der Frage, »für wen« wir Europa einigen wollen. Die Antwort kann nirgendwo eindeutiger ausfallen als im Europäischen Parlament. Es darf nicht das Europa der Brüsseler Technokraten und auch nicht das Europa der politischen Klassen der Hauptstädte sein. In ihrer traditionellen Konkurrenz liegt die Gefahr hypertrophierter Eitelkeiten mit allen sich daraus ergebenden hypertrophierten Kosten. Auf Dauer wird es ein einiges und demokratisches Europa nur geben, wenn es sich als das Europa der Bürger versteht und zwar nicht, wenn es das behauptet, sondern wenn es das ist.

Die Köpfe und die Herzen der Menschen müssen für Europa gewonnen werden. Die Europäische Union kann nur weiterentwickelt werden, wenn sie von den Unionsbürgern akzeptiert wird, und sie kann nur mit Leben erfüllt werden, wenn sie auch in den Herzen der Bürger fest verankert ist. Dazu brauchen wir aber mehr Bürgernähe, mehr Durchschaubarkeit dessen, was geschieht, und mehr demokratische Legitimität des europäischen Handelns. Lassen Sie mich hierzu hervorheben, was in der Öffentlichkeit sehr oft bemängelt wird und was ich persönlich genauso empfinde: Das Europarecht ist zu verstreut, es ist zu schwer verständlich, es ist zu technokratisch und es ist vor allem zu perfektionistisch. Ich weiß natürlich auch, woher das kommt und wer daran schuld ist, aber die Schuldzuweisung kann keine Entschuldigung sein. Mit einem Wort: das ganze Ding ist zu bürgerfern. Unionsvertrag und Sekundärrecht der Gemeinschaft müssen dringend konsolidiert und an vielen Stellen auch ausgedünnt werden – allerdings ohne neue dogmatische Debatten, zu denen wir Europäer ja immer wieder neigen.

Ich habe wirklich Verständnis dafür, daß die Bürger sich heute mit Europa schwertun. Das ist jedoch eine Vertrauenskrise, die sich nicht nur gegen Europa, sondern gegen Großorganisationen schlechthin richtet, auch gegen nationale Großorganisationen. Wir brauchen Bewegung, aber wir dürfen die Bürger nicht überfordern. Wir müssen Europa besonnen wachsen lassen, damit das Vertrauen mitwachsen kann.

Vor allem aber brauchen wir Orientierung, daß heißt, wir müssen selber wissen, was wir wollen. Deswegen kann Europa sich eine Erstarrung in Expertokratie nicht leisten. Wir brauchen die dynamisierende Kraft der politischen Debatte. Nur eine offensive Diskussion über die Zukunftsprobleme, die die Bürger bewegen, bietet auch die Chance, Europa den Bürgern wieder näher zu bringen. Denn, wie man es dreht und wendet, die meisten der Zukunftsprobleme sind uns gemeinsam, wie unterschiedlich die strukturellen und rechtlichen Ausgangspunkte auch immer sein mögen.

Ich will ganz kurz noch sechs Fragen stellen, um deutlicher zu machen, was ich meine:

1. Wie stellen wir uns den Veränderungen der Arbeitswelt, die sich aus der Globalisierung der Märkte, aus den neuen Technologien und aus der Entwicklung zur Informationsgesellschaft ergeben? Machen wir uns eigentlich ausreichend klar, daß Massenarbeitslosigkeit trotz allem kein unentrinnbares Schicksal ist? Sehen wir die Chancen einer dynamischen Wirtschaft, in der das Einkommen aus neuer Technologie zur Quelle auch neuer Arbeitsplätze wird?
2. Werden wir uns unserer Verantwortung für diejenigen bewußt, die beim Tempo der Innovation nicht mehr mithalten können? Haben wir alle vernünftigen, auch unkonventionellen Vorschläge geprüft, Langzeitarbeitslose in sinnvoller Weise wieder ins Arbeitsleben zurückzuführen?
3. Wie sichern wir eigentlich die Zukunft unserer sozialen Netze? Haben wir erkannt, daß wir ihre Schutzfunktion aufs Spiel setzen, wenn wir zulassen, daß sie sich jenseits aller Gedanken an Finanzierbarkeit auf-

blähen? Sind wir auch hier zum Wettbewerb der besten Lösungen bereit, der besten Lösungen, die in irgendeinem Land Europas gefunden wurden?

4. Haben wir alles getan, um unserer Jugend, die doch unser kostbarstes Zukunftskapital ist, durch Bildung die nötigen Chancen zu geben, und zwar durch die richtige Bildung, die, die sie braucht? Haben wir genug in Wissenschaft und Forschung investiert, das heißt, in die ausschlaggebenden Quellen der technischen wie der gesellschaftlichen Innovation?
5. Werden sich Ökonomie und Ökologie endlich in der Erkenntnis zusammenfinden, daß Umweltschutz nicht mit Verzicht auf technischen Fortschritt und wirtschaftliches Wachstum erkauft werden muß? Öffnen wir uns wirklich ausreichend der Einsicht, daß zwar die natürlichen Ressourcen, nicht aber das menschliche Wissen endlich ist und daß auf neues Wissen gestütztes wirtschaftliches Wachstum gleichzeitig unsere ökologischen und sozialen Probleme lösen helfen kann?

Und schließlich:

6. Haben wir den Mut, das Erfolgsgeheimnis der Europäischen Gemeinschaft in den letzten vier Jahrzehnten, nämlich die offene freiheitliche Gesellschaft auch gegen die Anfechtungen der Zukunft zu bewahren? Machen wir uns ausreichend klar, daß nur in freiheitlichen offenen Gesellschaften die Quellen der Kreativität zu sprudeln beginnen, die wir zur Lösung unserer Probleme brauchen?

Ich will mit einem osteuropäischen und einem britischen Zitat schließen, die sich, wie ich meine, gegenseitig hervorragend ergänzen. Das osteuropäische sagt: »Europa ist verunsichert. Das kann es gebrauchen. Allzu viel Selbstsicherheit macht dumm.« Das britische Zitat sagt: »Europa im Zweifel? – im Zweifel Europa!« Genauso ist es.

5. »Eine Art Vereinigte Staaten von Europa«

Ansprache beim Internationalen Bertelsmannforum 1996 am 19. Januar 1996 auf dem Petersberg bei Bonn

Vor einigen Monaten habe ich im Europäischen Parlament mit ein paar eher altmodischen Gedanken für die europäische Vision geworben. Die Strategie des Föderalismus, von der ich damals gesprochen habe, hat ja wirklich eine lange Geschichte, und das gleiche gilt für die Idee, daß eine gemeinsame stabile Währung den Interessen von Verbrauchern und Produzenten gleichermaßen dient. Dennoch reagierte das Publikum überrascht. Das gab mir zu denken. In unserer visionslosen Zeit wirkt offenbar schon Altmodisches avantgardistisch. Andererseits hat das auch etwas Tröstliches. Einem Bundespräsidenten erleichtert es jedenfalls die Arbeit.

Auch heute abend will ich deswegen die Chancen und Risiken Europas mit Argumenten der altmodischen Avantgarde beschreiben. Lassen Sie mich gleich mit dem ersten Argument beginnen:

»Wenn Europa eines Tages vereint wäre in der Teilhaberschaft an seinem gemeinsamen Erbe, dann wäre seinen drei- oder vierhundert Millionen Menschen unendliches Glück, Wohlstand und Ruhm beschieden. Und doch war es Europa, von dem die schreckliche ... Serie nationalistischer Fehden ausging, die selbst in diesem

20. Jahrhundert den Frieden zerstört und die Zukunft der ganzen Menschheit in Frage gestellt hat.«

Sie werden gemerkt haben, die Sätze sind nicht von mir. Sie stammen aus einer Zeit, in der die großen europäischen Tragödien dieses Jahrhunderts noch in frischer Erinnerung waren und ein vereintes Europa noch als ferner Traum erschien. Und doch: Der, der diese Sätze sprach, hatte eine Vision von Europa, die alles andere als träumerisch klang. Ihre gedankliche Klarheit und ihr konkretes Zielbewußtsein kann uns Europäer von heute nur beschämen. Lassen Sie mich gleich weiter zitieren:

»Und dennoch gibt es ein Mittel, das, wenn es überall und spontan angewandt würde, wie durch ein Wunder alles verändern und ganz Europa, oder doch seinen größten Teil, (...) so frei und glücklich machen würde, wie heute die Schweiz. Was ist dieses souveräne Mittel? (...) Wir müssen eine Art Vereinigte Staaten von Europa bauen.«

Manche von Ihnen werden sich in den letzten Minuten ihrer Geschichtsbücher erinnert haben und bereits wissen, wer diese Worte 1946 in Zürich sprach. Ich hätte sie in diesen hochsensiblen Monaten vor der Regierungskonferenz 1996 nicht zitiert, wenn sie nicht von Winston Churchill stammten.

Natürlich würde ich es als Bundespräsident der Föderation Bundesrepublik Deutschland nie wagen, den Teilnehmern der bevorstehenden Regierungskonferenz die sofortige Konstituierung Vereinigter Staaten von Europa vorzuschlagen. Aber ich frage: Kann die europäische Integration als Heilmittel gegen nationalistische Verirrungen denn für die vor uns liegende Epoche so ganz und gar falsch sein, wenn Winston Churchill sie uns schon vor

50 Jahren verschrieb? Churchill war ja auch keineswegs der erste und letzte, der wußte, worum es ging. Vor ihm wußten es Erasmus von Rotterdam, Henri Saint-Simon, Victor Hugo, Aristide Briand und die Paneuropaunion, nach ihm Jean Monnet, Robert Schuman, Alcide de Gasperi, Paul-Henri Spaak und Konrad Adenauer. Dennoch möchte ich heute aus vielerlei Gründen gerade Churchill als Kronzeugen der europäischen Vision zitieren.

Einer der Gründe ist, daß Churchill nicht nur ein europäischer Visionär, sondern gleichzeitig ein nüchterner Realist war. Er sprach darüber hinaus mit der einzigartigen Erfahrung eines Staatsmannes, der nicht nur für eine große Nation, sondern auch für eine Völkergemeinschaft, das britische Empire, Verantwortung trug. Die Frage drängt sich auf, wie er wohl auf den Kontrast zwischen den heftigen Grabenkämpfen um Bananenimporte und dem mehrjährigen Appeasement in Bosnien reagiert hätte, das die Europäer sich vor kurzem noch leisteten.

Ein halbes Jahrhundert nach Churchills Züricher Rede erleben wir einen Epochenwechsel von ähnlicher Tragweite wie damals. Anders als damals liegt hinter uns nicht ein halbes Jahrhundert Krieg, sondern ein halbes Jahrhundert Frieden. Der Nationalismus aber, der damals gerade unter unsäglichen Opfern besiegt war, droht heute in Europa aus einer Art Winterschlaf zu erwachen.

Damals wie heute war die europäische Einigung nicht isoliert, sondern als Teil eines globalen Prozesses zu verstehen. Damals wie heute war ein weltweiter Konflikt beendet. Damals wie heute ging es um eine neue Weltordnung. Die Vereinten Nationen, um deren Reform wir uns heute bemühen, wurden damals gegründet. Heute machen wir uns nach einem kurzen Moment globaler Friedenshoffnung Sorgen über neue Sicherheitsrisiken, von der Verbreitung von Massenvernichtungswaffen über Armutswanderungen bis zu neuen Fundamentalismen und Blockbildungen. Ähnliche Sorgen hatte auch Churchill 1946. »Das finstere Mittelalter«, so warnte er, »könnte doch noch wiederkehren.« Die Frage ist, ob Europa heute die Churchillsche Vorsorge trifft, ob es sich darauf besinnt, in der Welt mit einer Stimme zu sprechen, ob es seinen Eurozentrismus überwindet, den Nichteuropäer ohnehin immer mehr als eine Art kindlichen Autismus betrachten, ob es in der Lage ist, sich zu einer Zukunftsstrategie aufzuraffen, die über Maastricht hinausgeht.

Bei näherem Hinsehen erscheint eine solche Strategie weit weniger gewagt als auf den ersten Blick. Denn die gedanklichen und praktischen Rezepte für diese Zukunftsstrategie befinden sich bereits in dem gemeinsamen Erbe, zu dessen Bewahrung Churchill aufrief. Damit das internationale Kartell der Euro-Skeptiker mir nicht gleich vorhält, ich scherze wohl, will ich den Versuch machen, heute zwei Fragen zu beantworten:

Erstens: Was bietet uns das gemeinsame europäische Erbe heute?

Und zweitens: Wie können wir uns »eine Art Vereinigte Staaten von Europa« im Sinne der Churchill-Rede für die Zukunft vorstellen?

Für Churchill lag die Antwort auf die erste Frage auf der Hand. Für ihn bestand das europäische Erbe aus dem christlichen Glauben und der christlichen Ethik, aus der Kultur, den Künsten, der Philosophie und der Wissenschaft vom Altertum bis zur Neuzeit. All das ist richtig. Aber warum dann, so hört man gleich den Einwurf, die Zerissenheit der europäischen Geschichte und die Tendenz des Nationalismus, immer wieder sein Haupt zu erheben? Es liegt offensichtlich an der Fülle und Vielfalt des Erbes und daran, daß die Miterben das ungeheure Potential der gemeinsamen Nutzung dieser Vielfalt noch nicht ausreichend erkannt haben. Man denke nur einmal ganz vordergründig außenpolitisch an die Nutzbarkeit der historischen Verbindungen Spaniens und Portugals nach Lateinamerika oder Frankreichs und Englands nach Afrika und Asien. Der Kolonialismus liegt lange genug hinter uns, um diesen Verbindungen ganz neue Bedeutungen zu geben.

Aber auch in einem tieferen Sinn läßt sich das gemeinsame Erbe als Energie- und Inspirationsquelle zur Lösung gemeinsamer Probleme der Zukunft nutzen. Ich will das nur anhand von drei Bestandteilen dieses Erbes andeuten.

1. Jeder spricht – scherzhaft oder ernsthaft – von Kontrasten der nationalen oder ethnischen Mentalitäten in Europa, von französischem Elan und angelsächsischem Pragmatismus, von deutscher Gründlichkeit und italienischer Menschlichkeit, von iberischem Mut und skandinavischer Solidität, von niederländischem Unternehmergeist und tiefgründiger slawischer Romantik. Aber hat nicht die 40jährige Geschichte der europäischen Einigung schon längst gezeigt und erleben wir nicht täglich in den Diskussionen unserer Parlamente, den Bildern unserer Medien, den Entscheidungsprozessen unserer Unternehmen, wie austauschbar all diese Klischees doch sind? Es gibt doch auch pragmatische Franzosen und begeisterte Angel-

sachsen, gründliche Italiener und menschliche Deutsche, solidarische Iberer und mutige Skandinavier, unternehmerische Slawen und romantische Niederländer. Die Europäer brauchen keine Einheitsmenschen aus der Retorte zu werden, um sich dennoch bei der Lösung der Probleme unserer Zeit um alle diese Tugenden gleichermaßen zu bemühen.

2. Verpflichtet uns nicht schon unser philosophisches Erbe dazu? Immanuel Kant war ein Idealist wie Erasmus und John Locke, Thomas Hobbes ein Realist wie Nicolo Machiavelli. Montesquieu war der geistige Vater der Gewaltenteilung, die schließlich von den Angelsachsen zur Perfektion entwickelt wurde. Sie alle trugen zu den Grundlagen der europäischen Aufklärung bei, zu der ganz Europa sich ja stets geflissentlich bekennt. Lassen wir uns doch nicht einreden, die eine oder andere Nation habe die eine oder andere Denkschule der politischen Philosophie gepachtet.
Das wäre jedenfalls gänzlich unvereinbar mit dem neusten Stand der Erkenntnistheorie, die wir einem in Wien geborenen britischen Philosophen verdanken. Seit Karl Popper 1935, noch auf deutsch, seine »Logik der Forschung« schrieb, wissen wir, daß selbst naturwissenschaftliche Erkenntnis fehlbar ist. Wie aber steht es dann mit den felsenfesten politischen und ökonomischen Denkschulen, insbesondere den national gepachteten? Versagt hier etwa die Volksweisheit, daß man aus Fehlern klug werden kann? 1945 gab Popper in seinem Buch »The Open Society and its Enemies« die Antwort auf diese Frage. Sie alle kennen sie. Die offene Gesellschaft ist ein Entdeckungsprozeß, der nie beendet ist und auf individueller und transna-

tionaler Ebene ebenso effektiv stattfinden kann wie auf nationaler.

3. Allerdings hat die offene Gesellschaft eine entscheidende institutionelle Voraussetzung. Das ist die Demokratie. Wer aber will bezweifeln, daß die Demokratie ein wesentlicher Bestandteil des gemeinsamen europäischen Erbes ist? Ihre Tradition reicht bis zu den Stadtstaaten der griechischen Antike zurück. England steuerte die »Mutter der Parlamente« bei. Die französische Revolution definierte die Grundwerte der modernen Version der Demokratie. In Portugal begann 1974 das, was Samuel Huntington die »Dritte Welle der Demokratisierung« nannte, die sich in Griechenland, Spanien, Lateinamerika fortsetzte und die von 1988 bis 1990 in Osteuropa einen neuen Höhepunkt erreichte. Deutschland überlebte zwei Diktaturen in 60 Jahren, schätzt sich glücklich, bei der »Dritten Welle« der Demokratisierung hier und da Geburtshilfe geleistet zu haben, und erlebte schließlich mit seiner eigenen friedlichen Revolution das Finale des Systemkonflikts im eigenen Land.

Wie wechselhaft die Geschichte der Demokratie in Europa auch war, und wie sehr sich ihre Verbreitung heute auch globalisiert hat, müssen wir Europäer uns doch bewußt werden, daß der Gedanke der Demokratie untrennbar mit dem Namen Europas verbunden ist. Verpflichtet uns das nicht? Wenn wir die Überwindung der Teilung Europas im Jahr 1989 der Strahlkraft der Demokratie zuschreiben, müssen wir uns dann nicht auch um Demokratie bei der Vollendung der Europäischen Einigung bemühen?

Der Kollektivismus ist nicht am militärischen oder

wirtschaftlichen Übergewicht des Westens zugrunde gegangen, sondern am Mangel an Freiheit. Auch in Zukunft muß das Motto also heißen: Freiheit ist das höchste Gut. Sie muß auch Vorrang vor nationalen Kollektiven haben.

Mit dem Thema Demokratie bin ich bereits beim Kern der zweiten Frage angelangt: Wie können wir uns heute Churchills »Vereinigte Staaten von Europa«, anders ausgedrückt: den Integrationsgrad vorstellen, auf den wir zugehen?

Ich schlage vor, daß wir zunächst einmal eine Negativliste dessen aufstellen, was nicht gemeint sein kann. Danach wird es dann leichter, positiv zu definieren, was eigentlich wünschbar ist. Für die Negativliste fallen mir sofort zwei Punkte ein: der bürokratische Superstaat einerseits und die gehobene Freihandelszone andererseits.

Den bürokratischen Superstaat wollen die Bürger nicht, das liegt auf der Hand. Er wäre eine undemokratische Lösung. Und nach allem, was ich eben über das europäische Erbe gesagt habe, wäre eine undemokratische Lösung auch eine uneuropäische Lösung.

Daß das Ausweichen auf eine bloße Freihandelszone keine Lösung des Brüsseler Demokratiedefizits ist, sollte ebenfalls offensichtlich sein. Freihandel ist eine notwendige, aber keine ausreichende Bedingung der Bewahrung des europäischen Erbes. Freihandel gab es bereits vor dem Ersten Weltkrieg. Durch die festen Wechselkurse des Goldstandards war er währungspolitisch sogar anspruchsvoller abgesichert als der europäische Binnenmarkt heute.

Lassen Sie mich hier nur nebenbei bemerken, daß das Beispiel der damaligen europäischen Blütezeit uns die

Angst vor der europäischen Währungsunion nehmen sollte. Niemals waren die Währungen stabiler als damals, niemals war die Dynamik der europäischen Wirtschaft größer als damals. Feste Wechselkurse machten Handel und Investitionen für Unternehmen berechenbar. Die Interessen der Produzenten und der Verbraucher wurden nicht, wie heute allzu oft, durch Über- oder Unterbewertungen ihrer Währung gegeneinander ausgespielt.

Dennoch: Selbst Freihandel und Goldstandard haben Weltkrieg und Nationalismus nicht verhindert. Das Gegenteil trat ein. Die sich gegenseitig überbietenden Nationalismen haben schließlich dem Freihandel und den festen Wechselkursen den Garaus gemacht. Protektionismus, Abwertungswettläufe, Überschuldung, Inflation, Deflation und Depression wurden die Kennzeichen der folgenden Jahrzehnte. Die daraus zu ziehenden Lehren sind unter den heutigen ökonomischen Denkschulen umstritten. Für die Denkschulen, die das Risiko eines Rückfalls in die dreißiger Jahre nicht für denkbar halten, habe ich einen Rat: die Lektüre eines Buches über den Währungsnationalismus von einem der größten liberalen Ökonomen unseres Jahrhunderts: Friedrich von Hayek. Es zeigt eindrucksvoll, wie Volkswirtschaften, die sich im währungspolitischen Alleingang versuchen, selbst am meisten darunter leiden.

Die Lehre, die ich daraus ziehe, mag altmodisch klingen, aber sie scheint mir jeden Tag aktueller: Je höher der Grad der Wirtschaftsintegration, desto mehr steht bei Rückfällen in den Nationalismus, auch den bloßen Wirtschafts- oder Währungsnationalismus, auf dem Spiel, und desto größer ist daher das Bedürfnis nach der Absicherung durch politische Integration.

Wer will ernsthaft bezweifeln, daß etwa Haushaltspolitik von Parlamenten und damit von Politikern gemacht wird, daß sie aber ihrerseits die wirtschaftliche Entwicklung beeinflußt? Selbst die Geldpolitik unabhängiger Zentralbanken vollzieht sich nicht im politischen Vakuum. Sie ist nicht nur im Meinungsstreit ökonomischer Doktrinen befangen, die ihrerseits die Ausschläge der Märkte beeinflussen, sondern wie man in diesen Tagen wieder allzu deutlich sieht, durchaus auch im Meinungsstreit der Politik.

Die politische Union würde zwar den ökonomischen und politischen Meinungsstreit nicht beenden, aber doch die Zahl der Fronten der Grabenkämpfe und damit der Turbulenzen auf den Märkten reduzieren. Das ist ja doch gerade einer der wichtigsten Wettbewerbsvorteile der Vereinigten Staaten von Amerika gegenüber den noch nicht ganz so vereinigten Staaten von Europa.

Joseph Rovan erinnerte kürzlich daran, daß der Finanzminister Ludwigs XVIII., Baron Louis, sagte: »Macht mir eine gute Politik, und ich werde euch gute Finanzen machen.« Was das in der heutigen Situation Europas bedeutet, sollte klar sein: »Macht mir gute europäische Politik und die vereinigten europäischen Finanzminister werden euch gute Finanzen machen.«

Bei einem dritten Beitrag zur Erweiterungs- und Vertiefungsdiskussion ist sorgfältige Abwägung geboten. Es handelt sich um den Vorschlag der Bildung eines »Kerneuropa«. Als endgültige Zielvorstellung würde ich es ebenfalls auf die Negativliste setzen. Das gemeinsame europäische Erbe wäre gefährdet. Das Bild der ruinösen Nachlaßteilung in einer zerstrittenen Erbengemeinschaft drängt sich geradezu auf.

Etwas anderes gilt dagegen, wenn man den Vorschlag als Bestätigung eines Erfahrungsmusters betrachtet, das sich schon im bisherigen europäischen Einigungsprozeß bewährt hat. Bisher hat noch jede Erweiterungsdiskussion auch eine Vertiefungsdiskussion ausgelöst. Und wenn ich es recht sehe, so war auch der Vorschlag, zunächst mit einem kleineren Kern von Staaten das Defizit demokratischer Legitimation aufzufüllen, nichts anderes als der Versuch, dem Einigungsprozeß ein neues Zwischenziel zu geben – wie schon 1956 in Rom. Auch das war, man lese es nach, bereits Teil der Churchillschen Vision. »Wenn zunächst«, so räumte er ein, »nicht alle Staaten Europas bereit und fähig sind, der Union beizutreten, so müssen wir dennoch vorangehen, um die zu versammeln und zu vereinen, die wollen und können.« Die Weisheit dieses Gedankens ist schlechterdings nicht von der Hand zu weisen.

Daß im Vertrag von Maastricht die »föderale Finalität« keine ausdrückliche Aufnahme fand, mag alte Föderalisten enttäuschen, übrigens auch mich. Es hindert sie aber nicht daran, weiter über diese Finalität als Weg zur demokratischen Legitimation Europas nachzudenken. Das tun offenbar auch einige Mitglieder dieses Forums. Denn in der von den Organisatoren vorbereiteten Vorlage findet sich unter vielen anderen mir überaus sympathischen Vorschlägen auch der, das heutige Mitentscheidungsverfahren zwischen Ministerrat und Europäischem Parlament zu einem wirklichen Zwei-Kammer-System zu machen.

Am Beginn eines für die Zukunft Europas entscheidenden Jahres kann ich also nur nochmals zu einer großen Kraftanstrengung aufrufen. Wenn wir vor zukünftigen Generationen bestehen wollen, dürfen wir den europäischen Einigungsprozeß nicht in egoistischen, kurzfristigen Argumenten versanden lassen. Im Falle Bosniens haben wir gesehen, daß es bereits so etwas wie eine öffentliche Meinung auf europäischer Ebene gibt. Die Bürger und die Medien waren den Politikern hier voraus. Aber viel bleibt zu tun. Gerade im wirtschaftlichen Bereich weckt Europa bei zu vielen Bürgern noch zu viele Assoziationen der Unübersichtlichkeit. Es ist nicht gut, daß ein Arbeitsplatz in Rostock bedroht erscheint, weil die EG die Einfuhr von Bananen aus Mittelamerika beschränkt. Es ist nicht gut, daß Streiks in Frankreich mit der Geldpolitik der Deutschen Bundesbank in Verbindung gebracht werden. Wir brauchen da eine große Aufklärungsoffensive.

Zur demokratischen Legitimation gehört auch, daß die Bürger aller Mitgliedstaaten den europäischen Prozeß verstehen und geistig mit seinem Tempo Schritt halten können. Aufklärung ist vor allem auch in den Schulen nötig. Sie müssen die europäische Einigung als Erziehungsaufgabe betrachten. Wir müssen uns beispielsweise Gedanken darüber machen, wie wir vermeiden, daß Lehrer, die selbst Angst haben, nationale Privilegien zu verlieren, Mißtrauen gegen Europa in die Herzen der Kinder pflanzen.

Wesentlich scheint mir auch, die Fortschritte auf dem Weg zur politischen Union mit der Tradition und den schon bestehenden Institutionen der europäischen Menschenrechte zu verbinden. Demokratie beginnt bei den Menschenrechten. Menschenrechte sind die Grundlage dessen, was wir als europäische Wertegemeinschaft betrachten. Diese Wertegemeinschaft verbindet uns mit den USA und ist die Quelle des Entscheidungswillens, die im Falle Bosnien spät, aber dann schließlich doch zu sprudeln begann.

Das bringt mich dazu, ein letztes Mal Churchill zu zitieren:

»Ich werde jetzt etwas sagen, was Sie erstaunen wird«, so warnte er selbst vorsichtshalber. »Der erste Schritt zur Wiedererschaffung der europäischen Familie muß eine Partnerschaft zwischen Frankreich und Deutschland sein. Nur auf diese Weise kann Frankreich die moralische Führung Europas wiedergewinnen. Es kann keine Wiederbelebung Europas geben ohne ein geistig großes Frankreich und ohne ein geistig großes Deutschland.«

Wie wahr, möchte man ihm heute noch zurufen. Allerdings erlaube ich mir, einen Gedanken hinzuzufügen, der ihm damals aus verständlichen Gründen noch ganz fern lag: Auch ein geistig großes Großbritannien gehört dazu.

Das bedeutet nicht, daß es nicht auf die geographisch kleineren Staaten ebenfalls ankäme. In der Mobilisierung ihres Potentials liegt ja gerade der unschätzbare Vorteil des Föderalismus im Wettbewerb der politischen Organisationsformen. Das wußte auch Churchill, und er sagte es:

»Die Struktur der Vereinigten Staaten von Europa wird, wenn sie gut und echt gebaut ist, die materielle Stärke eines einzelnen Staates weniger wichtig machen. Kleinere Staaten werden ebenso zählen wie große und werden ihren Ehrgeiz darin setzen, zur gemeinsamen Sache beizutragen.«

Wir stehen also nicht ohne Orientierung da. Die altmodische Avantgarde liefert uns mächtige Argumente.

Und die 40jährige Geschichte der europäischen Einigung zeigt uns, wie ein Integrationsmodell auf dem anderen aufbauen kann. Die EU des Vertrages von Maastricht ist die Steigerungsform der EG der Römischen Verträge. Von jetzt an sind wir auf dem Weg zur demokratischen Steigerungsform der EU. Wie immer sie dann aussehen und wie immer sie heißen mag.

6. Funktionierender Föderalismus

Ansprache anläßlich eines Abendessens, gegeben vom belgischen Premierminister, Jean-Luc Dehaene, am 11. Oktober 1994 im Egmont-Palast in Brüssel

Die engen Kontakte, die zwischen den Gebieten des heutigen Belgiens und Deutschlands seit langer Zeit bestehen, haben unsere Länder kulturell und gesellschaftlich bereichert. Zwei Beispiele möchte ich in Erinnerung rufen: Der Maler Hans Memling aus Seligenstadt – einer meiner Landsleute aus Franken – wirkte in Brügge, wo er auch 1494 starb; dort macht gegenwärtig eine viel beachtete Ausstellung neue Aspekte seines umfangreichen Werkes deutlich. Der Flame Gerhardus Mercator studierte in Löwen und Hertzogenbusch.

Er stellte später in Duisburg mit der von ihm entwikkelten Technik seine berühmten Karten und Atlanten her, die über die ganze Welt Verbreitung fanden. Dem Werk dieses großen Wissenschaftlers wird in Kürze eine Ausstellung gewidmet sein, die unter der Schirmherrschaft des Königs in der »Bibliotheque Royale Albert I« gezeigt werden wird.

So wie einst zu Zeiten von Mercator und Memling soll auch heute der Austausch von Studenten und Wissenschaftlern zwischen unseren Ländern der Vertiefung unserer gegenseitigen Kenntnisse und der Bündelung unserer wissenschaftlichen Kräfte zur gemeinsamen Zukunftsgestaltung dienen. Gerade die Begegnung von jungen Menschen unserer Länder bildet die unverzichtbare Grundlage für die deutsch-belgische Freundschaft. Sie ist eine Investition in die Zukunft, die sich ganz gewiß lohnen wird.

Viele meiner Landsleute überzeugen sich jährlich bei Reisen von der kulturellen Tradition und der Vielfalt Belgiens, deren Bedeutung weit über seine Grenzen hinausreicht. In seiner jungen Geschichte hat Belgien die künstlerische Entwicklung Europas maßgeblich beeinflußt.

Die moderne europäische Malerei ist ohne Namen wie James Ensor, René Magritte oder Paul Delvaux undenkbar. Der Jugendstil wird hervorragend durch die Architekten Victor Horta oder Henri van de Velde, der auch viele Jahre in Weimar wirkte, vertreten. Das moderne Ballett ist von Maurice Béjart zu höchster Vollendung geführt worden, während Jacques Brel als Chansonnier Weltruf erlangte.

Die Liste großer belgischer Literaten reicht von Charles de Coster, dem wir die Geschichte vom Ulenspiegel verdanken, bis zu Georges Simenon, dessen Romane auch meine Landsleute und mich gefesselt haben. Diese Aufzählung ist sicherlich nicht erschöpfend, aber sie macht deutlich, welch prominenten Platz Belgien im Kulturschaffen Europas bis heute einnimmt.

Unsere beiden Länder sind auch heute wirtschaftlich aufs engste miteinander verflochten. Deutschland ist für Belgien der wichtigste Handelspartner, während umgekehrt Belgien zu den fünf europäischen Staaten zählt, mit denen wir den größten Teil unseres Handels in Europa führen. Die Vollendung des Europäischen Binnenmarktes ist gerade für uns unmittelbare Nachbarn die Grundlage unserer wirtschaftlichen Zukunftssicherung.

Das Zusammenwachsen darf aber nicht auf den wirtschaftlichen Bereich beschränkt bleiben. Bürgernähe und Transparenz der Entscheidungen sind für die Europäische Union unabdingbar. Das Europäische Parlament, aber auch der neue Ausschuß der Regionen müssen sich entfalten können. Die intensive Zusammenarbeit in der Euregio um Aachen, Lüttich, Eupen und Maastricht wirkt hier schon beispielhaft.

Die deutsch-belgische Nachbarschaft hat sich in den letzten Jahren zu einer vertrauensvollen Freundschaft und zu einer verläßlichen Partnerschaft zum Wohl Europas entwickelt. Deutschland und Belgien teilen die Überzeugung, daß Frieden, Freiheit und Wohlstand dauerhaft nur in einem vereinten Europa zu verwirklichen sind. Unter dem Eindruck der furchtbaren Zerstörungen des Zweiten Weltkrieges haben wir uns für die Verwirklichung des europäischen Gedankens eingesetzt. Unsere Länder waren Gründungsmitglieder der Montan-Union und der Europäischen Wirtschaftsgemeinschaft.

Herausragende belgische Persönlichkeiten haben sich erfolgreich in den Dienst der europäischen Sache gestellt. Ich denke zunächst an Paul Henri Spaak. Der unter seinem Vorsitz erstellte Bericht bildete die Grundlage für die Verhandlungen zu den Römischen Verträgen, die auf einer Regierungskonferenz ganz nahe von hier in Val Duchesse am 26. Juni 1956 begannen und bereits am 25. März 1957 mit der Unterzeichnung der Verträge abgeschlossen wurden. Ein solches zügiges Arbeiten wäre auch der vor uns liegenden Regierungskonferenz von 1996 zu wünschen.

Mit dem Fortgang der europäischen Integration und einem unermüdlichen Einsatz für eine Verständigung der europäischen Völker sind dann die Namen von Jean Rey, Fernand Dehousse, Etienne Davignon, Pierre Harmel und Leo Tindemans untrennbar verbunden. An den beiden europäischen Schulen in Brüssel und besonders am Europa-Kolleg zu Brügge werden heute junge Menschen mit dem Ziel ausgebildet, das Werk dieser hervorragenden europäischen Staatsmänner fortzusetzen.

Dank und Anerkennung aller europäischer Mitgliedstaaten gebührt Belgien insbesondere für die Art und Weise, wie es seine Funktion als Sitzstaat zentraler Institutionen der Europäischen Union und der Atlantischen Allianz ausübt. Generationen von europäischen Ministern, Parlamentariern, Beamten, Soldaten und ihrer Familien haben die belgische Gastfreundschaft und Lebensart in Brüssel schätzen gelernt.

Der Vertrag von Maastricht enthält die entscheidende Weichenstellung für die Zukunft. Sie, Herr Ministerpräsident, und die Mitglieder Ihrer Regierung haben während der engagierten und erfolgreichen belgischen Präsidentschaft im zweiten Halbjahr 1993 wesentlich dazu beigetragen, daß die Umsetzung der Maastricht-Vereinbarungen auf einen guten Weg gebracht wurde. Während der deutschen Ratspräsidentschaft wollen wir mit der Umsetzung der Maastricht-Ziele weiter vorankommen. Dabei werden wir die Unterstützung und den Rat Belgiens brauchen.

Deutschland und Belgien haben sich gemeinsam für den raschen Beitritt von Finnland, Norwegen, Österreich und Schweden zur Europäischen Union eingesetzt. Diese Erweiterung stärkt die Union beträchtlich für die wichtige Zukunftsaufgabe der Heranführung der Staaten Mittel- und Osteuropas. Die doppelte Herausforderung der Vertiefung und der Erweiterung wird den Mitgliedstaaten große Anstrengungen abverlangen. Aber eine Alternative zum begonnenen Weg sehe ich nicht. Ein Rückfall in kleinmütige Nationalismen wäre zum Schaden ganz Europas. Nur gemeinsam sind die Länder Europas den Herausforderungen von morgen gewachsen.

Die Entwicklung Europas verlangt Antworten auf zahlreiche gesellschaftliche, soziale und politische Probleme. In diesem Zusammenhang kommt der Wandlung des Königreichs Belgien vom Einheitsstaat zum Bundesstaat erhebliche Bedeutung zu. Die Europäische Union zählt nunmehr mit Deutschland und Belgien zwei föderale Staaten zu ihren Mitgliedern; demnächst wird auch Österreich hinzukommen. Wir werden künftig zusammen unsere Erfahrungen in die rechtliche und politische Diskussion über die Zukunft Europas einbringen können.

Für manche Probleme hat Ihr Land mit seiner Ausprägung des föderalen Gedankens ganz eigenständige Lösungen gefunden. Die gleichberechtigte Berücksichtigung der in Belgien unterschiedlich verbreiteten Landessprachen Niederländisch, Französisch und Deutsch ist dafür ein Beispiel mit Modellcharakter weit über die Grenzen Belgiens hinweg. Mit der Übertragung von umfassenden Kompetenzen sowohl an die drei Regionen als auch an die drei Gemeinschaften hat Belgien eine Struktur geschaffen, die auch im europäischen Kontext höchste Aufmerksamkeit verdient.

Neben der Europäischen Union ist das Atlantische

Bündnis der zweite Pfeiler in der außenpolitischen Zusammenarbeit der Bundesrepublik Deutschland und Belgiens. Die belgischen Truppen in Deutschland haben zusammen mit den NATO-Verbündeten dazu beigetragen, gemeinsam Frieden und Freiheit zu sichern. Tausende von belgischen Wehrpflichtigen haben in Deutschland gedient. Belgische Soldaten waren jahrzehntelang gute Freunde und gute Botschafter in unserem Land. Für sie wie für die deutschen Truppen bleibt die gemeinsame Aufgabe, die Stabilität in ganz Europa zu wahren, aber auch zum Frieden in der Welt beizutragen.

Deutschland ist bereit, auch in diesem Bereich neue Verantwortung zu übernehmen. Die Grundprinzipien der deutschen Außenpolitik bleiben unverändert; einerseits die feste Verankerung in Europa und seinen sich gegenseitig stärkenden Organisationen: Europäische Union, WEU, Europarat und KSZE sowie andererseits die Stärkung und Weiterentwicklung des Atlantischen Bündnisses.

Neue Dimensionen der militärischen und verteidigungspolitischen Zusammenarbeit sind in den letzten Jahren entwickelt worden. Deutsche und belgische Soldaten sind heute vereint im Eurokorps. Die Teilnahme des Eurokorps an der Parade am diesjährigen belgischen Nationalfeiertag auf dem Platz vor dem königlichen Schloß in Brüssel war eine zukunftsweisende Geste, für die wir besonders dankbar sind.

Die deutsch-belgische Zusammenarbeit und Freundschaft erscheinen uns heute als eine Selbstverständlichkeit. Betrachtet man aber die Geschichte dieses Jahrhunderts, so ist sie fast ein Wunder. Zweimal in diesem

Jahrhundert sind deutsche Truppen in Belgien eingefallen. Zahllose Belgier hatten unter dem verbrecherischen Regime des Nationalsozialismus zu leiden. Sie wurden gefangengehalten, verschleppt, aus rassischen Gründen verfolgt und ermordet. Dies bleibt uns gerade in diesem Jahr, in dem wir der Befreiung Belgiens vor fünfzig Jahren gedenken, schmerzlich bewußt.

Zur Aussöhnung hat insbesondere der Mut und die Weitsicht belgischer Politiker der Nachkriegszeit beigetragen, die dem neuen demokratischen Deutschland Vertrauen schenkten und ihm beim Wiedereintritt in die Gemeinschaft der europäischen Völker halfen. Uns ist die Erinnerung an die Schrecken der Vergangenheit eine doppelte Verpflichtung: Zum einen die feste Verankerung gerade auch des wiedervereinigten Deutschland in den europäischen Institutionen und in der Atlantischen Allianz. Damit wollen wir das Vertrauen rechtfertigen, das uns unsere Nachbarn entgegenbringen.

Zum anderen die in Deutschland täglich gelebte und erlebte Demokratie. Sie ist die beste Garantie gegenüber den Gefahren des politischen Extremismus, gegenüber Fremdenfeindlichkeit und Rassismus. Wir müssen und wir werden uns diesen Herausforderungen gemeinsam stellen!

Ich sprach eben davon, daß wir die deutsch-belgische Freundschaft heute fast als Selbstverständlichkeit empfinden. Aber wir müssen gute Nachbarschaft und Freundschaft auch als die ständige Verpflichtung begreifen, sie stets zu pflegen und weiter auszubauen. In diesem Verständnis bietet sich allen Völkern Europas die Chance, die Teilung unseres Kontinents endgültig zu überwinden. Ich bin überzeugt, daß sich gerade die deutsch-belgische Partnerschaft auch weiterhin zum Nutzen des europäischen Einigungswerkes bewähren wird.

7. Der grosse Beitrag der kleineren Staaten

Ansprache anläßlich eines Mittagessens, gegeben vom Premierminister des Großherzogtums Luxemburg, Jacques Santer, am 13. Oktober 1994 im Schloß Septfontaines in Luxemburg

Als Nachbarn an Mosel, Sauer und Our haben Deutschland und Luxemburg teil an einer der landschaftlich schönsten Regionen in Mitteleuropa, deren kultureller Reichtum seine Wurzeln in dem gemeinsamen Erbe der römischen Besiedlung und Zivilisation hat. Ich denke hierbei nicht zuletzt an den Wein, der seit dieser Zeit auf beiden Seiten der Mosel wächst und seinen unverwechselbaren Charakter bewahrt hat. So ist gerade die Mosel nicht ein Fluß der Trennung, sondern stets ein Fluß der Begegnung zwischen unseren Völkern, ein Fluß der Poesie und der internationalen Verbindung gewesen.

Am Anfang der christlichen Missionierung Mitteleuropas steht das Wirken des heiligen Willibrodus vor fast 1300 Jahren und die Benediktiner-Abtei in Echternach, deren eindrucksvollem architektonischen Zeugnis wir heute noch begegnen können.

Luxemburg ist immer ein Kreuzpunkt in der Mitte Europas gewesen, ein Brückenbauer zwischen Nationen, Völkern und Sprachen. Die Quelle gemeinsamer kultureller und christlicher Tradition hat die Beziehungen der Menschen in diesem Kerngebiet Europas bis heute geprägt und sie trotz aller leidvollen Erfahrungen in diesem Jahrhundert zur Vision des Aufbaus eines gemeinsamen Europas befähigt.

Vor fünfzig Jahren hat Luxemburg nach bitteren Jahren der Besetzung und Unterdrückung seiner freiheitsbewußten Bürger seine Freiheit wiedergewonnen. Ihr Land hat wie kaum ein anderer westlicher Staat unter Krieg und Tyrannei gelitten.

Wir Deutsche bleiben uns der Verbrechen, die von Deutschen verübt wurden, bewußt. Wir sind dankbar, daß Luxemburg uns die Hand zur Versöhnung gereicht und es ermöglicht hat, an die guten Traditionen der deutsch-luxemburgischen Beziehungen wieder anzuknüpfen. Wir vergessen nicht den luxemburgischen Einsatz für unseren Weg in die Familie der westlichen Demokratien.

Ich denke zurück an Joseph Bech, an den in Luxemburg geborenen Robert Schuman und an Konrad Adenauer. Die Erinnerung an diese europäischen Staatsmänner sollte uns ermutigendes Vermächtnis für unser Verhalten heute sein.

In den über vier Jahrzehnten gutnachbarschaftlicher Beziehungen haben wir gemeinsam viel geleistet, um der europäischen Berufung der grenznahen Region von Luxemburg, Saarland und Rheinland-Pfalz wirtschaftlich und kulturell gerecht zu werden. An erfolgreichen Projekten der deutsch-luxemburgischen Zusammenarbeit möchte ich nur erwähnen:

– den Bau der Sauertalbrücke mit der Autobahnverbindung Trier–Luxemburg;
– die Kanalisierung der Mosel;
– die Vereinbarung über den Bau einer Moseltalbrücke

bei Perl, die große Verbesserungen des Verkehrs nach Saarbrücken und den Anschluß an die Autobahn Luxemburg–Belgien bringen wird;
- die Verbesserung der Bahnverbindungen nach Trier und die Einbeziehung Luxemburgs in das Interregio-Verkehrsnetz;
- die Zusammenarbeit beim Umwelt- und Landschaftsschutz. In diesem Jahr haben wir das 30jährige Bestehen des deutsch-luxemburgischen Naturparks gefeiert, der die einzigartigen Naturschönheiten dieser Region bewahren hilft.

Luxemburg hat sich zu einem der zentralen Finanzplätze Europas entwickelt. Allein aus Deutschland haben sich hier über sechzig Banken engagiert. Die florierende Wirtschaft, vor allem im Dienstleistungsbereich, strahlt auf die Nachbarregionen von Saarland und Rheinland-Pfalz aus und gibt gerade deutschen Staatsangehörigen wertvolle Arbeitsplätze. Zusätzlich leben zehntausend Deutsche in Luxemburg »in Brot und Lohn«.

Ein Studium der Theater-, Konzert- und Ausstellungsprogramme in Luxemburg und die Zahl luxemburgischer Studenten an benachbarten deutschen Hochschulen zeigen die Dichte des deutsch-luxemburgischen Kulturaustausches. Beispielhaft ist auch die enge Zusammenarbeit des luxemburgischen Konservatoriums mit Musikhochschulen in dem geeinten Deutschland. Diese Formen der Zusammenarbeit haben entscheidend zur Freundschaft und Verständigung zwischen den Menschen unserer Staaten beigetragen.

Als mein Amtsvorgänger Luxemburg vor sechs Jahren besuchte, waren der Fall der Berliner Mauer und der Zusammenbruch des DDR-Regimes noch nicht abzusehen. Nur ein Jahr später setzte dann eine Entwicklung ein, die 1990 zur endgültigen Überwindung der Spaltung Deutschlands führte. Deutschland wird nicht vergessen, mit wieviel Verständnis Ihr Land die Etappen zur Wiedervereinigung begleitet hat und welches persönliche Engagement Sie, Herr Premierminister, mit Ihren Reisen in die östlichen Bundesländer dabei gezeigt haben. Ihre Besuche in Sachsen-Anhalt und Thüringen, Ihre Bereitschaft, mit den Menschen zu sprechen, ja, mit den Studenten zu diskutieren, waren ein besonderes Zeugnis freundschaftlichen Verständnisses.

Luxemburg hat sich einzigartige Verdienste um die europäische Einigung erworben. Vom Zusammenschluß zur Montan-Union über die Gründung der Europäischen Wirtschaftsgemeinschaft bis zur Verabschiedung der Einheitlichen Akte und des Vertrags von Maastricht waren luxemburgische Staatsmänner energische Wegbereiter Europas. Robert Schuman, Joseph Bech, Pierre Werner, Gaston Thorn und Sie, Herr Premierminister, haben dem Einigungswerk entscheidende Impulse gegeben. Daß nach Gaston Thorn mit Ihnen jetzt zum zweitenmal ein luxemburgischer Politiker zum Präsidenten der Kommission der Europäischen Union nominiert wurde, ist Anerkennung Ihrer persönlichen Leistung und der europäischen Berufung Ihres Landes.

Luxemburg war und ist den europäischen Institutionen, ihren Angehörigen und ihren Familien stets ein guter Gastgeber und Hausvater gewesen – als ein Beispiel nenne ich die Europäische Schule, die Generationen von jungen Deutschen nicht nur europäisches Wissen, sondern auch europäisches Bewußtsein vermittelt hat.

In den nächsten Jahren werden die Weichen für die

Anpassung der Europäischen Union an die veränderten politischen Gegebenheiten nach dem Ende des Ost-West-Konflikts gestellt. Die Einbeziehung Österreichs und der Beitrittsländer Skandinaviens, die Entwicklung der Strukturen der Europäischen Union, die Festigung der drei Säulen der Zusammenarbeit und die Stärkung der Beziehungen zu den mittel- und osteuropäischen Staaten sind Herausforderungen, die die Mitgliedstaaten in enger Absprache und Zusammenarbeit bewältigen müssen. Die Lösung dieser Aufgaben verlangt aber auch eine starke, ausgleichende und ordnende Rolle der Kommission und vor allem ihres zukünftigen Präsidenten. Ich wünsche Ihnen dazu allen Erfolg.

8. Nachbarn und Europäer

Ansprache im Parlament des Königreichs der Niederlande am 18. Oktober 1995 in Den Haag

Die Beziehungen zwischen den Niederlanden und der Bundesrepublik Deutschland sind herzlich, sie sind vertrauensvoll. Unsere Regierungen arbeiten in allen wichtigen Fragen eng zusammen, die wirtschaftlichen Beziehungen sind intensiv, in Kultur und Wissenschaft findet ein Geben und Nehmen statt, und die letzten Fußballländerspiele unserer Nationalmannschaften haben das Bild dieser Eintracht auch nicht trüben können.

Von einem schwäbischen Theologen stammt der folgende Ausspruch, der beinahe wie ein Gebet klingt:

»O Herr, gib mir die Kraft, Dinge, die ich nicht ändern kann, mit Gelassenheit hinzunehmen.

Gib mir den Mut zu ändern, was geändert werden kann und muß. Und gib mir die Weisheit, das eine vom anderen zu unterscheiden.«

Was gibt es im deutsch-niederländischen Verhältnis noch zu ändern? Und was gibt es, was wir nicht ändern können?

Lassen Sie uns bei letzterem beginnen. Da ist zum einen sicher die verschiedene Größe unserer Länder. Das ist auch ein psychologischer Faktor, auch ein politisch-psychologischer Faktor, den wir im Auge behalten sollten. Gewiß unterscheiden sich unsere beiden Länder auch in ihrer Sprache, in Bereichen ihrer Kultur und in Teilen ihrer Geschichte, obwohl all diese Gebiete auch große Gemeinsamkeiten aufweisen. Zur Geographie gehört auch, daß Deutschland neun Nachbarn hat, Ihr Land nur zwei. Daraus ergeben sich sehr unterschiedliche historische Erfahrungen. Und es ergeben sich auch sehr unterschiedliche Befindlichkeiten daraus.

Lassen Sie mich nun Dinge nennen, die geändert werden können und müssen bzw. diejenigen, die wir bereits geändert haben. Aus der Katastrophe des Zweiten Weltkrieges haben unsere Völker zwei zentrale Lehren gezogen. Die eine führte uns auf den Weg der europäischen Einigung, die zweite in das Atlantische Bündnis.

Ich will hier nicht die Geschichte nachzeichnen, wohl aber in Erinnerung rufen, daß unsere beiden Länder von Anfang an zusammengearbeitet haben, und zwar sowohl beim Aufbau Europas als auch – nach Deutschlands Beitritt – im Atlantischen Bündnis. Und ich sage auch hier: Uns ist bewußt, daß diese Zusammenarbeit von niederländischer Seite nach der Geschichte dieses Jahrhunderts keine Selbstverständlichkeit war. In beiden Bereichen stehen wir heute vor Entscheidungen, wie die Zukunft gestaltet werden soll. Was die Europäische Union betrifft, so lautet das Stichwort hier Regierungskonferenz 1996, und ich würde in der anschließenden Diskussion mit Ihnen gern hören, was die zentralen Anliegen beider Kammern Ihres Hauses sind, wo Sie besonderen Handlungsbedarf sehen und wie die Niederlande mit der Frage umgehen, welche Teile der nationalen Souveränität abgegeben werden sollen, und insbesondere, was mich besonders beschäftigt, wie wir Europa bürgernäher gestalten können. Denn Europa wird nicht existieren, wenn es nicht von seinen Bürgern gestaltet wird. Europa kann nicht nur eine Frage von Hauptstädten, Regierungen und Bürokraten sein.

Mit der Entwicklung des Nordatlantischen Bündnisses ist die Frage verknüpft, wie wir eine europäische Sicherheitsarchitektur entwerfen können, die einerseits dem Wunsch der mittel- und osteuropäischen Staaten gerecht wird, dem Bündnis beizutreten, und andererseits weder Rußland noch andere Staaten ausgrenzt. Auch das ist ein Thema, über das ich mich gerne mit Ihnen austausche und das uns gewiß noch einige Jahre beschäftigen wird.

Heute nachmittag werde ich die Ehre und das Vergnügen haben, gemeinsam mit Ihrer Majestät der Königin die Städte Aachen und Maastricht zu besuchen. Das stellt im Rahmen eines offiziellen Besuches ein Novum dar, zeigt aber gleichzeitig, wie eng und vertrauensvoll über die Grenze hinweg die Kontakte in der Nachbarregion bereits geworden sind. Dies wollen wir durch diesen grenzüberschreitenden Besuch sichtbar machen. Gleichzeitig wollen wir vor Ort hören, wo es noch Probleme gibt und wie man sie überwinden kann.

Ich will mit einem letzten Gedanken schließen. Wenige Tage vor Beginn meines Besuches hat die Universität Leiden eine neuerliche Studie veröffentlicht, die die Haltung niederländischer Jugendlicher zur Bundesrepublik Deutschland zum Gegenstand hat. Das Ergebnis dieser Untersuchung macht mich ein wenig nachdenklich. Es scheint so zu sein, daß bei aller Würdigung der guten offiziellen Beziehungen, die wir auf allen Ebenen miteinander pflegen, im Verhältnis einzelner Menschen unserer Länder zueinander doch noch gewisse Defizite bestehen. Mir ist keine vergleichbare Untersuchung in Deutschland bekannt, die das Spiegelbild dazu darstellen könnte, doch bin ich sicher, daß Vorurteilen und Vorbehalten auf niederländischer Seite bestimmt auch solche auf deutscher gegenüberstehen. Und deswegen wollen wir die Frage gar nicht untersuchen.

Dabei fällt natürlich auf, und das stimmt mich hoffnungsfroh, daß diese negativen Haltungen in dem Maße abnehmen, in dem persönliche Kontakte zu Deutschland vorliegen oder direkte Beziehungen bestehen. Vielleicht lohnt es aber, auch hier gemeinsam zu überlegen, was wir in der Zukunft noch tun könnten und sollten. Denn am Ende wird Friede in Europa nur sein, wenn die Bürger sich verstehen.

9. Jugend als Träger der Vision

Ansprache anläßlich des Bürgerempfangs am 23. Mai 1995 im Hambacher Schloß

Meine Frau und ich haben an diesem Tage eine überaus freundliche Aufnahme und Begrüßung durch die Menschen in Rheinland-Pfalz erfahren, die ich ja aus den Jahren 1973 bis 1978, als ich Mitglied der Landesregierung war, und aus vielen seitherigen Kontakten bestens kenne. Dafür danken wir Ihnen und den Bürgern von ganzem Herzen.

Der heutige Besuch hat viele Erinnerungen geweckt und uns tiefe Eindrücke vermittelt:

Er hat uns nochmals bewußt gemacht, mit welchen Strukturproblemen Rheinland-Pfalz zu kämpfen hat. Die wirtschaftlichen Anpassungen in der Edelstein-, Schmuck- und Schuhindustrie haben für viele Menschen ebenso einschneidende Änderungen mit sich gebracht wie die Auflösung von Militärstandorten. Sosehr wir alle die politischen Veränderungen begrüßen, die uns eine Reduzierung von Truppen ermöglichen, so schmerzlich ist es doch, wenn Menschen hierdurch ihren Arbeitsplatz verlieren. Es ist und bleibt Aufgabe der Politik, hier zu helfen. Arbeit ist nicht nur die wirtschaftliche Lebensgrundlage der Familien, die erhalten bleiben muß; Arbeit ist auch eine wichtige Grundlage für das Selbstbewußtsein und Selbstverständnis der Menschen.

Nun will ich hier aber nicht den Eindruck vermitteln, als sei ich heute nur mit Sorgen überhäuft worden. Im Gegenteil: Die Schönheit der Landschaft mit ihren Reben und Wäldern, die Herzlichkeit der Menschen in der persönlichen Begegnung sind Pfunde, mit denen Rheinland-Pfalz wuchern kann. Sie brauchen nur hier vom Schloß in die Weite der Rheinebene zu schauen, über die Reben hinweg, um das Verständnis dafür zu verlieren, daß sich eine danach benannte Fraktion der Politik regelmäßig in der Toskana statt hier tummelt.

Ganz besonders wohl haben sich meine Frau und ich aber auch deshalb gefühlt, weil wir – als Bayern – heute fast ein doppeltes »Heimspiel« hatten. Erstens durfte ich Ihrem Land ein halbes Jahrzehnt in Mainz und Bonn dienen; und das waren schöne, prägende Jahre, an die ich mich gerne erinnere. Und zweitens war hier, wo wir hier stehen, früher Bayern: Rhein»beiern« – was allerdings kein Aufruf zu einer bayerischen Redenta sein soll.

Das war auch im Jahre 1832 so. Dieses Jahr kann ich an diesem Tage und an diesem Ort und natürlich auch wegen meiner eigenen beruflichen Vergangenheit, in der ich mich wissenschaftlich und richterlich mit unserer Verfassung beschäftigt habe, nicht unerwähnt lassen.

Am 23. Mai 1949, heute vor 46 Jahren, wurde das Grundgesetz unterzeichnet. Was sich in ihm verwirklicht hat, hat an diesem Ort seinen sinnfälligen Ausgangspunkt. Zum Hambacher Fest am 27. Mai 1832 versammelten sich hier zwanzig- bis dreißigtausend Menschen und erhoben Forderungen, die nach wie vor Maßstab nationaler wie europäischer Politik sind. In heutiger Diktion sind dies: die nationale Einheit, die Souveränität des Volkes, das Recht der freien Meinungsäußerung, die Freiheit der Presse, die Gleichberechtigung von Mann und Frau, der freie Handel ohne Zollschranken, das Selbstbestimmungsrecht der Völker und ein freies, vereinigtes Europa.

Diese Ziele haben schrittweise – über die Paulskirchen-Verfassung und die Weimarer Verfassung – Eingang in das Grundgesetz gefunden, das nach der erfolgreichen demokratischen Revolution in der ehemaligen DDR nunmehr für das gesamte deutsche Volk gilt. Und heute ist Deutschland ohne Einbindung in das geeinte Europa undenkbar. Auch die europäische Vision der Teilnehmer des Hambacher Festes ist also dabei zu verwirklichen!

Demokratie, eine der Hauptforderungen von 1832, ist nicht nur ein staatsrechtlicher Begriff. Sie ist auch eine Geisteshaltung. Was ich damit sagen will, ist folgendes: Der Verfassungstext ist zunächst einmal nichts anderes als Buchstaben auf dem Papier. Die Verfassung ist aber geschaffen, das Zusammenleben der Menschen zu ordnen. Sie muß gelebt werden. Ihre Ziele und Werte bedürfen täglich der Bestätigung und Umsetzung.

Auch eine gute Verfassung wie das Grundgesetz ist nur so gut, wie die Menschen, die mit ihm umgehen, willens und fähig sind, seine Ziele zu verwirklichen. Auswüchse und Mißbrauch können das Gewollte ins Gegenteil verkehren. Ein Rechtsstaat, der in einer Gesetzesflut ertrinkt, verliert seinen ursprünglichen Bezug zur Gerechtigkeit. Ein Sozialstaat, der sich jenseits der Finanzierbarkeit aufbläht, setzt seine eigentliche Schutzfunktion aufs Spiel. Und Grundrechte, die der Bürger nur noch in seinem privaten Interesse und nicht auch im Blick auf seinen Nächsten und auf die Gemeinschaft ausübt, solche Grundrechte verkehren sich schnell in ihr Gegenteil. Das zu verhindern muß unser aller Ziel sein. Und Hambach, dieser historische Ort, ist besonders gut geeignet, das wieder einmal ins Bewußtsein aller zu rufen.

10. »Der Euro lebt«

Gespräch mit Manfred Bissinger und Hans-Ulrich Jörges im Juni 1996

Herr Bundespräsident, Deutschland kann 1996 schon im zweiten aufeinanderfolgenden Jahr die Stabilitätskriterien für die Europäische Währungsunion nicht erfüllen. Auch für 1997 – das entscheidende Jahr – sind die Perspektiven ungünstig. Muß die Einführung des Euro verschoben werden?

Nein, das denke ich im Augenblick nicht. Niemand weiß, was die Zukunft bringt, aber ich bin davon überzeugt, daß Deutschland und eine ganze Reihe anderer europäischer Staaten mit großen Anstrengungen die Bedingungen für die Währungsunion erfüllen können. Man sollte nicht allzuviel herumrätseln. Jedes Herumrätseln führt zu Unsicherheiten in der Wirtschaft und im internationalen Währungsgefüge. Mir erscheint die Debatte um die Einführung der Währungsunion einige Monate früher oder später und um eine Aufweichung der Beitrittskriterien als sehr gefährlich.

Sie raten von einer Aufweichung der Stabilitätskriterien ab?

Ich würde die Kriterien nicht aufweichen, sondern die Anstrengungen zu ihrer Erfüllung fortsetzen.

Wäre die Währungsunion ohne Deutschland vorstellbar?

Ich halte niemanden, auch mich nicht, für unverzichtbar. Was für Menschen gilt, sollte erst recht für Staaten Gültigkeit haben.

Wie groß müßte denn die Zahl der Gründungsmitglieder der Währungsunion sein?

Es hat keinen Sinn, mit Zahlen zu hantieren. Die europapolitischen Entscheidungen werden ja heute in einer sehr rationalen Weise vorangetrieben. Das gilt für die Währungsunion wie für die Erweiterung der EU. Man spricht nicht mehr von Mindestteilnehmerzahlen oder von einem Junktim zwischen der Aufnahme des einen und des anderen, sondern man setzt Kriterien fest. Wer sie erfüllt, ist dabei.

Müßten die europäischen Staats- und Regierungschefs nicht schon jetzt, da die planmäßige Einführung des Euro immer fraglicher wird, ein Modell dafür erarbeiten, wie die Jahre der Verschiebung überbrückt werden können?

Ich bin hier – wie gesagt – sehr zuversichtlich. Ich kann freilich nicht sagen, daß man sich darüber keine Gedanken machen sollte, aber ich möchte mich dazu im Augenblick nicht äußern.

Wofür würden Sie denn plädieren, falls der Euro nicht wie geplant eingeführt werden kann: Verschieben – wenn ja, wie lange? Eine monetäre Ersatzlösung – etwa einen deutsch-französischen Währungsverbund? Oder eine Wiederbelebung des Europäischen Währungssystems, aus dem ja Italien und Großbritannien ausgetreten sind?

Zunächst müssen wir wissen, welche Staaten die Kriterien endgültig erfüllen. Wir müssen auch wissen, aus welchen Gründen sie sie gegebenenfalls nicht erfüllen. Falls die Staatsverschuldung 60 Prozent des Bruttoinlandsprodukts überschreitet, ist natürlich die Frage zu erörtern, ob der betreffende Staat zwei Drittel dieser 60 Prozent erst in den letzten Jahren angehäuft hat oder ob er mit Altlasten kämpft. Das heißt: Erst wenn die Daten feststehen, kann auch die weitere Strategie definiert werden. Ich würde heute vor jeder gedanklichen Festlegung warnen.

Teilen Sie die Befürchtung, daß eine Verschiebung der Währungsunion einen schweren Rückschlag bedeuten, daß Europa zu einer Freihandelszone zurückfallen würde?

Ich glaube nicht, daß Europa auf den Status einer Freihandelszone zurückfallen würde. Aber es würde zunächst keine Weiterentwicklung mehr geben, und das wäre angesichts der Aufgaben, vor denen wir außen- und wirtschaftspolitisch stehen, ein erheblicher Rückschlag.

In allen europäischen Staaten werden die Staatshaushalte zusammengestrichen, um die Maastricht-Kriterien erfüllen zu können. Wird dadurch die ohnehin hohe Arbeitslosigkeit nicht zusätzlich verschärft? Spitzer gefragt: Macht der Euro nicht zunächst einmal viele Menschen arbeitslos?

Dieses Argument wird häufig ins Feld geführt, und damit wird Angst vor der europäischen Währung erzeugt – zumeist von Leuten, denen die ganze Richtung nicht paßt. In Wirklichkeit ist es doch genau umgekehrt. Wir brauchen die Konsolidierung der Haushalte mit oder ohne Euro, denn wir dürfen die Zukunft unserer Kinder nicht verfrühstücken. Die Kriterien für die Währungsunion üben einen heilsamen Druck aus.

Meinungsumfragen zeigen, daß die Mehrheit der Deutschen den Euro ablehnt. Ist das Projekt gegen den Willen der Bevölkerung politisch durchsetzbar?

Ich halte das nicht für ein Argument, sondern für ein Problem der Demoskopie. Das beginnt ja schon mit der Fragestellung. Wenn die Frage lautet: »Sind Sie für die europäische Währung?« und die Menschen haben das Geschrei über die angeblich gefährdete Währungsstabilität im Kopf, werden sie nein antworten. Wenn man ihnen aber die Frage stellt: »Sind Sie für eine gemeinsame Währung, wenn Euro und Mark gleich stabil sind?«, werden sie ja sagen. Es geht also um eine bessere Information der Menschen.

Aber die Sorge um die Stabilität des Euro ist nicht unbegründet.

Die Garantin unserer Währungsstabilität, die Bundesbank, findet in der Europäischen Zentralbank eine nach deutschem Modell geschaffene Nachfolgerin. Ich bin daher überhaupt nicht pessimistisch.

Aber die Bundesbank hat sich selbst eher skeptisch geäußert...

Zunächst einmal: Die alten Einwendungen der Bundesbank, daß die Unabhängigkeit der Europäischen Zentralbank nicht gewährleistet sei, habe ich seit Monaten nicht mehr gehört. Ansonsten gibt es natürlich auch in der Bundesbank unterschiedliche Meinungen. Aber immer wenn ich hart nachfrage – und das tue ich gelegentlich –, höre ich auch dort ein uneingeschränktes Bekenntnis zur europäischen Währung.

Macht es Sie besorgt, daß das Thema zum Wahlkampf-Hit 1998 werden könnte?

Eine gewisse Sorge habe ich, aber ich setze darauf, daß die großen Parteien vernünftig genug sein werden, das nicht zu tun. Ich werde an alle Parteien appellieren, die Währungsunion und damit die Fortentwicklung Europas nicht zum Wahlkampfgegenstand zu machen. Wahlkämpfe müssen nun mal plakativ sein. Wer sich hier aber zu weit vorwagt, leistet sich und der Sache keinen Dienst.

Die Parteien haben die Folgen der Währungsunion lange Zeit tabuisiert. Ist dadurch nicht auch in der Öffentlichkeit Schaden entstanden? In anderen europäischen Staaten war Europa sogar Gegenstand von Referenden.

Europa wohl, nicht aber die Währungsunion. Sie wissen, daß ich nicht grundsätzlich gegen Referenden bin, aber die Einführung des Euro wäre sicher eines der ungeeignetsten Themen. Es gibt einen wesentlichen Unterschied zwischen Deutschland und den Partnerstaaten: Im Grundgesetz war die europäische Integration von Anfang an verankert, während andere Staaten erst ihre Verfassungen ändern mußten und daher Volksabstimmungen brauchten.

Was halten Sie von der Idee eines deutschen Referendums zur Währungsunion?

Das ist nach der Verfassungslage nicht möglich, und davon sollten wir auch die Finger lassen.

Sind denn Gegner der Währungsunion Anti-Europäer?

So würde ich das nicht sagen. Aber umgekehrt stimmt der Satz: Anti-Europäer sind in jedem Fall auch Gegner der Währungsunion. Man wird schon jeden einzelnen auf seine Motive befragen dürfen. Bei der Debatte über die europäische Einigung ist ja leicht zu beobachten, daß es Lager gibt, die zu einer Freihandelszone zurückkehren wollen.

Die Gegner der Währungsunion argumentieren, Europa werde in drei Zonen gespalten: einen inneren Kern – die Währungsunion, darum einen Ring von Mitgliedern eines Wechselkursverbundes, und an der Peripherie schließlich der Rest der Gemeinschaft. Schwächt das nicht die EU?

Das Römische Reich und das Britische Empire haben nur so lange funktioniert, wie sie vielgestaltig waren. Ich würde mich nicht daran stören, wenn es vorübergehend Staaten gäbe, die den Euro haben, andere, die in einem

Wechselkursverbund mit der Währungsunion verknüpft sind, und wieder andere, die noch einige Zeit vor der Türe stehen, aber immer weiter herangeführt werden. Wir haben das ja im Prinzip heute schon: Die Westeuropäische Union hat nicht den gleichen Mitgliederkreis wie die Europäische Union, und das Schengener Abkommen hat wieder einen anderen Mitgliederkreis. Das ist nicht schädlich, solange es nicht zum Ausschluß der anderen führt, solange das Ziel bleibt, zusammenzukommen. Winston Churchill hat schon in seiner Züricher Rede von 1946 einen europäischen Bundesstaat empfohlen – freilich mit dem Zusatz, England werde nicht dabei sein. Aber seine zentrale Aussage war: Wenn nicht alle gleichzeitig wollen oder können, dann sollen die handeln, die es jetzt wollen oder können. Und so hat sich die Gemeinschaft entwickelt.

Bei den derzeitigen Verhandlungen über Maastricht II geht es auch um die Vorbereitung der Ost-Erweiterung der EU. In wenigen Jahren könnte die EU 27 Länder umfassen. Ist ein so großes Bündnis überhaupt noch handlungsfähig?

Daß 27 Mitglieder ein enormes Problem darstellen, kann man nicht wegdiskutieren. Wir brauchen dann natürlich andere Strukturen. Und wir müssen ernsthaft darangehen, Mehrheitsentscheidungen zuzulassen. Man sollte auch an ein Vermittlungsverfahren denken, ähnlich wie es in Deutschland zwischen Bundestag und Bundesrat existiert. Aber allein der Druck der Verhältnisse wird bei 27 Mitgliedern die Integration beschleunigen, denn gerade die neuen Mitglieder haben doch kein Interesse daran, die Gemeinschaft, von der sie viel erwarten, zu lähmen. Je stärker sich in der Welt große politische und wirtschaftliche Blöcke herausbilden, desto mehr werden die Europäer erkennen, daß sie nur eine gemeinsame Zukunft haben.

Was halten Sie von der Idee eines Kerneuropas, um die Entwicklung nicht länger vom langsamsten Schiff im Geleitzug bestimmen zu lassen?

Dieser Begriff ist am Anfang unpräzise gebraucht, unpräzise diskutiert und unpräzise zitiert worden. Historisch hat die Europäische Gemeinschaft ja zunächst aus sechs Staaten bestanden. Das war ein Kerneuropa, wenn Sie so wollen. Man wird sich in der Tat nicht auf Dauer – ich erinnere an Winston Churchill – bei allen Schritten vom Langsamsten abhängig machen können. Aber mir kommt es sehr darauf an, daß diejenigen Staaten, die vorangehen, nicht bei allen Themen immer dieselben sind. Ich habe nicht von ungefähr in meinem ersten Amtsjahr alle kleinen EU-Staaten – mit einer Ausnahme – besucht. Keiner von ihnen darf irgendwo ausgeschlossen werden.

Die meisten wichtigen EU-Staaten – wie Frankreich und Großbritannien – sperren sich gegen eine Stärkung des Europäischen Parlaments. Kann eine erweiterte Gemeinschaft ohne direkte demokratische Kontrolle leben?

Das Europäische Parlament ist zweifellos unterentwikkelt. Alle politischen Lager in Deutschland wollen eine Stärkung – ich auch. Briten und Franzosen fällt es aber sehr schwer, die Souveränität ihrer nationalen Parlamente in Frage zu stellen. Dennoch wird es Stück für Stück vorangehen. Deutschland bringt das Problem bei jeder Gelegenheit aufs Tapet. So muß es auch künftig sein.

Stellt die Ungleichzeitigkeit der Entwicklungen – beim Euro ist man flink, beim Parlament träge – nicht die Glaubwürdigkeit der EU in Frage?

Wenn man die Dinge theoretisch betrachtet, kann man so argumentieren. Ich glaube das aber nicht. Bei einer so ungeheuren Aufgabe, wie es die Integration Europas bei fortbestehenden Nationen ist, muß man eben dort vorangehen, wo es überhaupt möglich ist.

Wo sehen Sie denn Defizite bei der Einigung Europas?

Ich sehe drei große Defizite. Das erste ist ein institutionelles: die Rechte des Parlaments. Zweitens: Die Bürger verstehen zuwenig von Europa, und die europäischen Organe treten nicht so auf, daß die Bürger sie verstehen könnten. Das dritte ist, daß die Integration in den Augen vieler nicht als politische Überlebensstrategie der Europäer in einer sich dramatisch verändernden Welt verstanden wird, sondern als Wirtschaftsprojekt, jetzt auch noch reduziert auf die Euro-Währung.

Welche Kompetenzen müßte denn das Parlament haben?

Es müßte alle grundsätzlichen Entscheidungen der Gemeinschaft treffen. Außerdem sollten eines Tages die Verordnungen und Richtlinien der EU nur noch auf Initiative oder mit Zustimmung des Parlaments zustande kommen.

In der Maastricht-II-Konferenz geht es auch um eine gemeinsame Außen- und Sicherheitspolitik, bislang zwei entscheidende Schwachstellen. Aber dagegen gibt es Widerstand. Ist nicht die Politische Union eine Vorbedingung für die Währungsunion?

Nein, das ist keine Vorbedingung. Aber ideal wäre in der Tat – da stimme ich mit Bundesbankpräsident Hans Tietmeyer und vielen anderen überein – eine europäische Integration, die nicht nur die Wirtschafts- und Währungsunion vorantreibt, sondern die diesem Europa auch ein wachsendes Gewicht in der Welt vermittelt. Wenn man auf beiden Ebenen gleichzeitig vorankäme, wäre es ideal. Man kann beide für einen gewissen Zeitraum durchaus trennen. Aber prinzipiell halte ich eine gemeinsame Außen- und Sicherheitspolitik für dringend notwendig.

Sollte Europa nicht auch einen gemeinsamen Außenminister und einen Präsidenten haben, um die EU nach außen zu vertreten?

Solche institutionellen Fragen stehen für mich nicht im Vordergrund. Was bringt denn ein europäischer Außenminister, wenn es keine europäische Außenpolitik gibt? Zunächst die Außenpolitik, dann kann man über die Institutionalisierung nachdenken, nicht umgekehrt.

In der Bundesregierung wird halblaut gesagt, daß die Abstimmung im Bundestag über die Währungsunion schwierig würde, wenn es in der Maastricht-II-Konferenz keine Fortschritte zu einer gemeinsamen Außen- und Sicherheitspolitik gäbe. Teilen Sie diese Meinung?

Solche Überlegungen – was passiert, wenn – sind Kaffeesatz-Leserei. Ich setze auf Fortschritte.

Neu entzündet hat sich in der EU eine Debatte darüber, ob die Gemeinschaft nicht eine sehr viel entschiedenere Politik zur Bekämpfung der Arbeitslosigkeit einschlagen sollte. Die Deutschen wehren sich dagegen, die Franzosen drängen darauf. Müßte die Bekämpfung der Arbeitslosigkeit nicht an der Spitze aller politischen Ziele der EU stehen?

Es mag Differenzen in den Strategien geben, aber nicht in der Sache. Wenn Sie auf den Kern schauen, gibt es keinen Dissens. Die Arbeitslosigkeit ist das zentrale Thema unserer Zeit. Aber man ist sich klar darüber, daß deren Bekämpfung nicht mehr mit kreditfinanzierten Beschäftigungsprogrammen möglich ist. Was hätten wir davon, wenn das Sozialprodukt steckenbleibt, aber durch die fortschreitende Technisierung mit immer weniger Arbeitnehmern erwirtschaftet wird? Wenn wir unsere Vorstellungen von sozialer Sicherheit aufrechterhalten wollen, und das will ich mit aller Leidenschaft, dann müssen wir dafür sorgen, daß Europa den anderen Ländern, die glauben, mit geringeren Sozialausgaben auskommen zu können, wirtschaftlich und technologisch immer zwei, drei Pferdelängen voraus ist.

Müssen die Lohn- und Sozialsysteme in Europa nicht angeglichen werden, um vagabundierende Billigarbeiter und Lohndumping zu vermeiden?

Ich war immer auf der Seite derer, die sich für das Entsendegesetz im Baubereich, oder jedenfalls für ein Gesetz dieser Art, ausgesprochen haben, solange das nur eine Übergangslösung ist. Es muß den Menschen auf die Dauer in Europa annähernd gleich gutgehen. Aber ich bin nicht sicher, ob man jedem Staat zu diesem Zweck das gleiche System aufdrücken muß.

Aber würde die Währungsunion bei ungleichen Lohn- und Sozialstandards für die deutschen Arbeitnehmer nicht die Gefahr bedeuten, daß ihr Lebensstandard zumindest eingefroren wird, wenn nicht sogar sinkt?

Wir müssen uns der Konkurrenz aus anderen Ländern stellen. Wir könnten uns das auch leisten, wenn wir auf den Gebieten, wo die anderen noch nicht mithalten können, vorne lägen. Und das ist es, was mich allmählich mürbe macht: Bei jeder neuen Erfindung gibt es eine Vorstandsetage, die die Bedeutung nicht erkennt, oder es gibt einen Aufsichtsrat, der sagt: Das ist mit zu hohen Risiken verbunden, oder es gibt eine Behörde, die sagt: Wir müssen erst drei Jahre prüfen, ob das genehmigungsbedürftig ist, und dann weitere drei Jahre, ob es genehmigt wird. Wenn wir so weitermachen, läuft uns die Zeit davon.

Ist nicht auch eine Reform der europäischen Agrarpolitik dringend notwendig, weil sonst die Aufnahme der osteuropäischen Staaten gar nicht zu finanzieren wäre?

Das ist völlig klar. Ich sage in Osteuropa ständig: Ihr müßt eure Hausaufgaben machen, und wir müssen unsere Hausaufgaben machen. Die euren bestehen darin, die Beitrittsbedingungen, die im Weißbuch der Kommission festgelegt sind, zu erfüllen. Was ihr an Reformen verschleppt, kann nicht von den EU-Bürgern finanziert werden. Auf der anderen Seite muß die Union selber ihre Hausaufgaben machen, und dazu gehört auch, das System der Agrarsubventionen zu reformieren.

Haben Sie die Hoffnung, daß die Renationalisierung der osteuropäischen Staaten, die Zersplitterung der Landkarte in Kleinstaaten, durch die Ost-Erweiterung der EU gebrochen werden kann?

Die osteuropäischen Staaten müssen ihre Konflikte vor der Aufnahme in die EU selber lösen. Es ist für uns zum Beispiel auf Dauer nicht akzeptabel, daß es in großem Umfang Nationalitätenkonflikte gibt. Dazu müssen vorher Grundlagenverträge geschlossen werden, und die müssen ehrlich eingehalten werden. Daß die Zertrümmerung von Staaten durch den Beitritt zur EU zurückgeholt werden könnte, glaube ich nicht. Allerdings beruht die EU darauf, daß ihre Mitgliedstaaten in wichtigen Bereichen auf Souveränität verzichten.

Wie wäre es denn möglich, daß Europa in Deutschland wieder zum Gegenstand von Engagement gemacht wird, statt zur langweiligen Formel in Sonntagsreden zu gerinnen?

Ich würde mir wünschen, daß sich jeder Europäer einmal im Monat einen Globus anschaut und sieht, wie klein Europa ist und wie groß der Rest der Welt. Dann würde er darüber nachdenken, wie dramatisch sich die Gewichte verschieben, und würde nicht mehr zweifeln, ob die Einigung Europas überhaupt notwendig ist.

Was ist aus Ihrer Sicht das Endziel der EU? Ein föderaler Bundesstaat nach dem Modell der USA oder ein Staatenbund?

Das erinnert mich an die berühmte Frage: Was ist der Unterschied zwischen einer Lokomotive und einer Konservenbüchse? Antwort: Es gibt keinen, mit keinem von beiden kann man sich rasieren. So verhält es sich auch mit den Formeln Staatenbund und Bundesstaat. Das sind Begriffe, die eines voraussetzen: daß eine einheitliche Nation besteht. Wir haben aber keine gemeinsame europäische Nation, sondern werden auf Dauer in vielen Nationen leben. Und das ist auch gut so. Das Bundesverfassungsgericht hat daraus die kluge Konsequenz gezogen, von einem »Staatenverbund« zu sprechen. Das ist etwas ganz Neues. Und ich glaube, es ist sachlich auch richtig. Wir wissen noch nicht, wo die Reise hingeht, und sollten uns daher nicht auf Scheinbegriffe festlegen – wir Deutschen schon gar nicht.

III. Strategische Partnerschaften

11. Voneinander lernen

Rede anläßlich des 75. Ostasiatischen Liebesmahls des Ostasiatischen Vereins am 3. März 1995 in Hamburg

Vor der hier versammelten Kennerschaft in Sachen Asien zu sprechen, ist für mich als Laie oder, wie es plastischer im Chinesischen heißt, als »Kerl von draußen vor der Tür«, eine besondere Herausforderung.

Ich fühle mich ein wenig wie der Musiker in der Geschichte, die uns Han Fei erzählt hat, der berühmte chinesische Philosoph aus der Legalistenschule: Ein Flötist hatte sich in das Bambusorgelorchester des Königs eingeschlichen. Solange er im Orchesterverbund spielen konnte, ging alles gut. Seine fehlende Kennerschaft fiel erst auf, als er unter dem neuen Herrscher zum erstenmal solo vorspielen mußte.

Ich hoffe gleichwohl, daß der eine oder andere meiner Redetöne bei Ihnen auf Interesse stoßen wird.

Daß Ostasien und der pazifische Raum sich zu einem weltwirtschaftlichen und weltpolitischen Gravitationszentrum entwickelt haben, ist mittlerweile Allgemeingut. Es hieße, Eulen nach Athen zu tragen oder – um ein asiatisches Bild zu benutzen – einer vortrefflich gemalten Schlange noch Füße hinzufügen zu wollen, wenn ich mich vor Ihrem Kreis auf eine allzu ausführliche Analyse der ohnehin bekannten Situation einlassen wollte. Nur einige mir wichtig erscheinende Aspekte will ich ansprechen:

Asien hat sein Schicksal in die eigenen Hände genommen, wirtschaftlich wie politisch. Die Region ist nicht mehr – wie noch im vorigen Jahrhundert – Spielball fremder Mächte. Es ist – jedenfalls in der europäischen Wahrnehmung – so stark geworden, daß viele hier eine Weile wie das berühmte Kaninchen auf die nicht weniger berühmte, weil großgewordene Schlange gestarrt haben, ohne sich zu rühren.

Asiens wirtschaftliche, demographische und geostrategische Daten sind in der Tat beeindruckend:

Fast zwei Drittel der Weltbevölkerung wohnen dort. Mehr als ein Viertel des Weltsozialprodukts wird in Asien erzeugt.

Sein Anteil am Welthandel ist enorm gewachsen. Asien hat insoweit sowohl Europa als auch die USA überholt. Unter den zehn ersten Welthandelsnationen befinden sich allein sechs asiatische Länder. Vor allem: Nicht nur einfache, sondern auch mittlere und hochtechnologische Produkte und Verfahren asiatischer Herkunft haben die Weltmärkte und auch unseren nationalen deutschen Markt durchdrungen.

Auch auf den globalen Finanzmärkten spielt Asien mittlerweile eine unübersehbare Rolle. Über ein Drittel der Weltdevisenreserven liegt bei asiatischen Zentralbanken.

Von Asien geht so ein globaler Wettbewerb der Produkte, der Verfahren, der Arbeitskosten, der Sozialstandards, der Institutionen, der Standorte und – vielleicht am wichtigsten – auch der Werte und Kulturen aus.

Kaum ein Wirtschaftsbereich in Europa bleibt davon

unberührt: Bisher sicher geglaubte Arbeitsplätze in der Industrie, zunehmend aber auch im Dienstleistungsbereich müssen sich der asiatischen Herausforderung stellen.

Manche sehen nicht nur unsere Wirtschaft, sondern auch unsere westlichen Werte in einem umfassenden »Clash of Civilizations« bedroht.

Worum es mir dabei vor allem geht, ist folgendes: Diese wachsende Interdependenz nicht nur im Wirtschaftlichen, sondern auch im Kulturellen, dieser zunehmende internationale Wettbewerb, das neue, enorme politische und wirtschaftliche Gewicht Asiens – all diese Entwicklungen sollten wir nicht als Nachteil, sondern als großen Vorteil ansehen: für unser Land und für Europa, für Asien selbst, ja für die gesamte eine Welt, in der wir leben.

Asiens wirtschaftliches wie politisches Erstarken ist für mich eine Bereicherung, keine Bedrohung, eine Herausforderung, keine Schwächung. Es rechtfertigt Optimismus und Zuversicht, nicht aber Verzagtheit und Mutlosigkeit.

Die wirtschaftlichen Vorteile für unser Land, für Europa und die gesamte westliche Welt liegen auf der Hand und sind bekannt. Mit dem Eintritt Asiens in die Weltwirtschaft entstehen nicht nur neue Konkurrenten, sondern durch das Wachstum im Inneren, durch Kaufkraft und Wohlstand auch eine unermeßliche Anzahl von neuen Konsumenten und damit Absatzmöglichkeiten für *unsere* Produkte und Verfahren.

Der seit 1990 auf fast 15 % gestiegene Anteil der deutschen Asien-Pazifik-Ausfuhren am Gesamtexport, die vielfältigen Projekte des Asien-Pazifik-Ausschusses, die

Initiativen der Bundesländer und der Verbände mit ihren vor allem auf die Bedürfnisse mittelständischer Unternehmen zugeschnittenen »Deutschen Häusern«, die Arbeit der Auslandshandelskammern in Asien, aber auch das Asienkonzept der Bundesregierung und die Anstrengungen der Europäischen Kommission für eine neue Asienstrategie zeigen:

Wirtschaft und Politik in Deutschland wie in Europa nehmen diese neuen Möglichkeiten mit Erfolg wahr. Und sie bemühen sich mit viel Engagement um den Abbau von Defiziten, etwa bei den Direktinvestitionen in Asien.

Gleichzeitig profitieren wir alle, Unternehmer wie Konsumenten, vom qualitativ hochwertigen, preiswerten asiatischen Angebot auf unseren Märkten.

Außerdem lösen unsere neuen asiatischen Wettbewerber bei uns Innovations- und Flexibilitätsschübe aus. Ohne den heilsamen Druck von außen wären sie nicht oder zumindest nicht so rasch in Gang gekommen.

Auch jenseits von allem Wirtschaftlichen kann die Auseinandersetzung mit Asien Beweglichkeit in unser althergebrachtes Denken bringen: Der wirtschaftliche Wettbewerb mit Asien, die ökonomische Interdependenz ermöglichen weltweit auch den kulturellen Brükkenschlag.

Der modernen Telekommunikationstechnik ist es schließlich egal, ob sie japanische oder chinesische, indische, englische oder deutsche Signale überträgt. Aber dieselbe Technik macht es möglich, weltweit gleichzeitig Informationen über andere zu vermitteln. Die Bilder der ganzen Welt erreichen jeden Winkel dieses Planeten. Bücher kann man verbrennen, Sendesignale von Satelliten nicht mehr.

Wer seine Herrschaft auf Unkenntnis seiner Untertanen stützen will, hat es infolgedessen immer schwerer. Wer sich kulturell von jedem äußeren Einfluß abschotten will, der kann das nicht mehr. Das ist Last und Chance zugleich. Alle Kulturen – auch unsere europäischen – sind jetzt anderen Wertewelten ausgesetzt.

In Asien sind bedeutende Hochkulturen beheimatet, die uns allen viel zu sagen haben, nicht nur den Gelehrten, die sich damit seit langem beschäftigen. Diese alten Kulturen voller jugendlicher Vitalität haben längst die ursprünglich aus Europa kommende technische Zivilisation akzeptiert und zu ihrer eigenen Sache gemacht. Aber nie haben sie die westliche Kultur als überlegen anerkannt.

Es geht auch gar nicht um Kampf, um Vorrang der Kulturen in der Welt. Es geht nicht um das harte Entweder-Oder eines dominierenden Werte- und Gesellschaftssystems wie in der früheren ideologischen Ost-West-Auseinandersetzung. Es geht vielmehr um das weiche Sowohl-als-auch der Kulturen und Gesellschaftsmodelle. Voraussetzung dafür ist eine gemeinsame Zivilisation des friedlichen Miteinanders.

Samuel Huntington hat nicht recht, wenn er diese Zivilisation verneint. Keine der Kulturen wird einer anderen ihre Werte aufzwingen können. Aber alle werden in einer – auch durch die Medien – immer vernetzteren Welt voneinander lernen können und müssen. Sie werden entdecken, daß Sie neben vielem Trennenden auch viel Gemeinsames haben.

Lassen Sie mich ein konkretes Beispiel nennen: In vielen Ländern Asiens spielt kommunitäres, stärker gruppen- und familienorientiertes Denken und Handeln eine große Rolle. Gruppen und Familien erfüllen dort noch Aufgaben, die bei uns aus vielerlei historischen und tatsächlichen Gründen an den Staat und übergeordnete, oft anonyme Organisationen abgetreten worden sind: Altersversorgung, Krankenpflege, Nachbarschaftshilfe usw. In Europa und speziell in Deutschland haben wir immer mehr Risiken auf größere Institutionen, auf Staat oder Sozialversicherung übertragen, um unsere individuellen, abendländisch typischen Freiheitsspielräume maximal absichern und ausleben zu können.

Dieser Unterschied ist nicht etwa nur ein philosophisches Werteproblem, ein Thema für die Feuilletonseiten der großen Zeitungen.

Er wirkt sich auch ganz unmittelbar auf unsere Wettbewerbsfähigkeit aus. Er hat nämlich Kostenfolgen und Konsequenzen für die Anpassungsfähigkeit wirtschaftlicher und politischer Strukturen. Wir sind heute – wie alle anderen auch – gezwungen, unsere gewachsene Lebenswirklichkeit an einem globalen Maßstab zu messen.

Wir werden als Antwort auf die asiatische Herausforderung sicher nicht unser Gesellschafts- und Wertesystem radikal verändern. Die isolierte Übertragung einzelner Elemente fremder Kulturen ist nicht möglich.

Aber mit Konsequenz darüber nachzudenken, ob wir angesichts des internationalen Wettbewerbs – auch der Sozialstandards – weiterhin sozialen Nutzen privatisieren und soziale Kosten sozialisieren können, oder ob wir – was übrigens nur an unsere eigenen Traditionen anknüpfen würde – die persönliche Verantwortung wieder ein Stück zurückverlegen in den Bereich der Familie, der persönlichen Gemeinschaften –, das kann nur zu unserem Nutzen sein.

Steuern und Abgaben können, gerade im Hinblick auf unseren internationalen Verbund, nicht weiter angehoben werden. Die Leistungsfähigkeit des Gemeinwesens wie des einzelnen wären sonst nachhaltig gestört.

Umsteuern im Sinne einer neuen Weichenstellung hier und Umdenken im Sinne von mehr Eigeninitiative, Eigenverantwortlichkeit und Freiheit der kleineren Lebenskreise: das könnten deshalb Konsequenzen sein aus der Auseinandersetzung mit den asiatischen Werte- und Gesellschaftssystemen.

Wir werden dabei entdecken, daß unsere klassischen Bürgertugenden gar nicht so weit von manchen klassischen asiatischen Grundwerten entfernt sind, wie wir zumeist glauben.

Es gibt noch zahllose weitere Beispielsfälle, wo Europa von Asien lernen kann. Aber auch für den Austausch von Ideen, Meinungen, Werten und Konzepten in die umgekehrte Richtung, von Europa nach Asien, gibt es angesichts der gewachsenen weltwirtschaftlichen Verflechtung neue Gelegenheiten:

Nach jahrhundertelanger Erfahrung bitterer Kriege hat letztlich erst die irreversible wirtschaftliche Integration in der Europäischen Union eine stabile, mittlerweile gleichermaßen unumkehrbare politische Integration und den dauerhaften Verzicht auf militärische Mittel zur Konfliktlösung möglich gemacht. Wir arbeiten in der Europäischen Union alle sehr intensiv daran, daß dieser Ansatz auch in einem erweiterten Europa friedens- und wohlstandssichernd wirken kann. Vielleicht kann hier das alte Europa, die Europäische Union mit ihrer aus kleinen Anfängen, aus Freihandelszone und Zollunion entstandenen, Schritt für Schritt umfassenderen politischen Zusammenarbeit immer noch die eine oder andere Anregung geben.

Denn mit der wechselseitigen wirtschaftlichen Verflechtung wachsen – ungeachtet aller Unterschiede und Interessengegensätze – auch in Asien Notwendigkeit und Potential für eine stärkere politische Interdependenz und Zusammenarbeit, kann der Frieden sicherer werden, überall in der Welt, in Asien wie in Europa.

Ohnehin würde ich uns selbst, aber auch unsere Partner in aller Welt davor warnen, Europa als Absteiger abzuschreiben. Es wird, wenn es nur will, seine materiellen und mentalen Möglichkeiten gesteigert zur Geltung bringen. Nur weil mehr Läufer als zuvor am Start sind, werden wir in Europa nicht langsamer laufen, wenn wir auch mehr Ausdauer zeigen müssen. Das asiatische Beispiel der dynamischen Lebendigkeit alter Kulturen kann auch in Europa funktionieren.

Damit kehre ich zurück zu meiner optimistischen Ausgangsthese: Die asiatische Herausforderung ist trotz aller Elemente der Konkurrenz eine Einladung zum Miteinander, im wirtschaftlichen, im politischen wie im geistigen Bereich.

Der Welthandel ist eben kein Nullsummenspiel. Der Vorteil des einen ist nicht der Nachteil des anderen, wie uns die Neomerkantilisten immer noch glauben machen wollen. Wachsende Welthandelsanteile Asiens müssen nicht auf unsere Kosten gehen. Eher schaffen sie neue Möglichkeiten, für Europa wie für Asien. Es ist allemal besser, den Welthandelskuchen zum gemeinsamen Vorteil durch Freihandel und neue Akteure wachsen, als ihn durch eifersüchtigen Protektionismus schrumpfen und verderben zu lassen.

So entstehen im weltweiten Verbund auch gemeinsame politische Interessen zwischen Europa und Asien: Etwa am Erhalt und der Fortentwicklung des freien multilateralen Welthandelssystems, das jetzt mit der Gründung der Welthandelsorganisation einen neuen Anstoß gefunden hat.

Gerade hier hat es in den vorbereitenden Verhandlungen der Uruguay-Runde ein erstaunliches Maß an Übereinstimmung in den handelspolitischen Positionen meines Landes und der Haltung der dynamischen asiatischen Marktwirtschaften gegeben.

Ohnehin erinnert mich der dynamische Aufschwung mancher erfolgreichen asiatischen Volkswirtschaft an eigene Erfahrungen des deutschen Wirtschaftswunders in den fünfziger Jahren. Die besonders weit fortgeschrittenen Länder dort werden auch die Erfahrung der Spätphase eines Wirtschaftswunderlandes mit uns teilen: Neue, jüngere, kostengünstigere Konkurrenten rücken nach. Es gibt keine Stammplätze im internationalen Wettbewerb. Japanische Elektronikfirmen spüren bereits den Wettbewerb der koreanischen.

Dieser Prozeß gemeinsamer wirtschaftlicher Erfahrungen und Interessen wird sich fortsetzen. Konvergenz in wirtschaftlichen Fragen wird auch in vielen politischen Fragen eine Annäherung der Positionen zur Folge haben. So wie Marktwirtschaft und Freihandel sind auch Frieden und Sicherheit auf der ganzen Welt unteilbar.

Vor diesem Hintergrund halte ich selbst bei dem kontrovers diskutierten Thema des Menschenrechtsverständnisses eine Annäherung zwischen Asien und Europa für möglich.

Denn ungeachtet aller Unterschiede: Freie, nicht dirigistisch gegängelte Marktwirtschaften und freie Gesellschaften sind Geschwister. Wirtschaftliche Freiheit kann auf die Dauer nicht ohne korrespondierende gesellschaftliche Freiheit funktionieren.

Marktwirtschaften, auch die in Asien, brauchen für ihre weitere Entwicklung mündige, selbständige Arbeitnehmer und Unternehmer, Gewerkschaften und Wirtschaftsverbände. Sonst würden sie stagnieren. Denn Marktwirtschaft setzt Wettbewerb voraus, Wettbewerb Vielfalt, nicht nur der Anbieter und Nachfrager, sondern letztlich auch der Methoden und Meinungen.

Wer Industrialisierung, Innovation und Kreativität in der Wirtschaft will, der muß also auch in der Gesellschaft entsprechende Freiräume schaffen. Er muß den Austausch von Informationen – und nicht nur im technischen Bereich – fördern, muß sich für Öffnung und Offenhaltung einsetzen. Wissenschaftler und Ingenieure sind hierauf zwingend angewiesen. Aber auch für den Aufbau mittelständischer Unternehmensstrukturen sind freie Entfaltungsmöglichkeiten unerläßlich.

Wenn in der Ökonomie marktwirtschaftliche Strukturen auf die Dauer funktionieren sollen, werden letztlich auch in der Politik demokratische Prinzipien unvermeidlich dazugehören müssen, im eigenen Interesse jeder einzelnen Gesellschaft. Das gilt für Europa, für Asien, und überall sonst auf der Welt. Und vielleicht ist ja auch die schon von Immanuel Kant verfochtene These richtig, daß Demokratien selten oder nie Krieg miteinander führen. Es lohnt sich, diese Methode der Friedenssicherung auszuprobieren. Im West-Europa der Nachkriegszeit hat sie funktioniert.

Um keine Mißverständnisse aufkommen zu lassen: keine Seite darf der anderen ihre Sicht der Dinge aufzwingen wollen. Verhandlungspartner kann nur sein, wer das Gesicht des anderen respektiert. Gerade deshalb sind aber in Asien Kompromisse oft leichter zu erzielen. Jeder weiß dort, daß es nicht nur darauf ankommt, recht zu haben. Genauso wichtig ist es, den Partner zu seinem Recht kommen zu lassen, auch sein Gesicht zu wahren.

Wenn dies in der Erkenntnis gemeinsamer wirtschaftlicher, politischer wie kultureller Interessen zwischen Europa und Asien zur Regel werden sollte, könnten wir mit Zuversicht in die Zukunft schauen.

Ich hoffe, daß ich mich mit meinen Worten an die viel zitierte indische Weisheit gehalten habe:

»Laßt den Mann sagen, was wahr ist, laßt ihn sagen, was sich angenehm anhört, und laßt ihn keine unangenehme Wahrheit sagen. Aber laßt ihn auch keine angenehme Unwahrheit sagen.«

12. Strategie der Erneuerung

Ansprache vor dem Nationalkongreß am 22. November 1995 in Brasilia

In der Demokratie ist das Volk der Souverän. In Zeiten des politischen, wirtschaftlichen oder gesellschaftlichen Umbruchs fällt aber dem Parlament als dem Vertreter dieses Souveräns besondere Verantwortung zu. Deutschland hat diese Erfahrung im letzten halben Jahrhundert zweimal gemacht: Zunächst im Westen in der Phase des Wiederaufbaus der Demokratie nach dem Ende der nationalsozialistischen Schreckensherrschaft und dann erneut vor fünf Jahren nach dem Zusammenbruch der kommunistischen Diktatur im Osten unseres Landes.

Auch Brasilien steht heute mitten in einer Phase des Umbruchs. Es ist ein Umbruch, der alle Zeichen einer friedlichen Revolution trägt und der mit dem Ende der über zwanzigjährigen Diktatur vor nunmehr zehn Jahren begonnen hat.

Die Unterschiede der Geschichte unserer beiden Länder sind ebenfalls für alle offenkundig. Dazu gehört die dunkle Epoche Deutschlands, derer wir gerade in diesem Jahr 1995 besonders gedenken. Ich erinnere mich mit Respekt an die brasilianischen Soldaten, die in Italien im Kampf gegen die nationalsozialistische Terrorherrschaft gefallen sind. Wir alle wissen, daß sich Geschichte nicht ungeschehen machen läßt, daß es vielmehr entscheidend darauf ankommt, die richtigen Lehren daraus zu ziehen. Der schließliche Triumph der Demokratie ist eine Lehre, die Deutschland und Brasilien gemeinsam ist. Diese Erfahrungsgemeinschaft ist heute ein kostbares Band zwischen unseren Völkern.

Aber natürlich gibt es auch schon in der früheren Geschichte das, was ich eine ganz besondere brasilianisch-deutsche Symbiose nennen möchte, eine Symbiose, die von Menschen aus Fleisch und Blut gelebt wurde. Seit der erste Deutsche, Hans Staden aus Homburg in Hessen, vor fast 450 Jahren zunächst in Pernambuco landete und mit seinen anschaulichen Berichten Brasilien in der Alten Welt bekannt machte, ist die Faszination der Deutschen durch das fünftgrößte Land der Erde nicht abgebrochen. Viele deutsche Forscher und Naturwissenschaftler haben Brasilien bereist und in Deutschland mit ihren Berichten Interesse und Sympathie für Brasilien geweckt. Carl-Friedrich von Martius hat wesentlich zur Erkundung der brasilianischen Pflanzen- und Tierwelt beigetragen, der Baron Georg Heinrich von Langsdorff führte eine der großen Expeditionen des frühen 19. Jahrhunderts in das Innere Ihres Landes, und Maximilian Prinz zu Wied-Neuwied hat daran mitgewirkt, den Nordosten Brasiliens zu erkunden.

Noch nachhaltiger für unsere Beziehungen waren jedoch die vielen Deutschen, die in Brasilien eine neue Heimat und die Rettung aus materieller Not oder vor politischer Verfolgung fanden. Die meisten dieser Neubürger haben hier das getan, was der beispielhaft toleranten brasilianischen Tradition entspricht: Sie sind in einem Prozeß natürlicher Assimilation Brasilianer geworden und haben ihren Teil zum Reichtum und zur Vielfalt dieses Lands beigetragen. Wir haben allen Grund, dem brasilianischen Volk für diese gelungene Integration zu danken.

Zur brasilianisch-deutschen Symbiose gehört auch ein breiter kultureller Strang. Über die Bücher unserer Schriftsteller haben wir viel voneinander gelernt. Der große Erfolg der Frankfurter Buchmesse mit dem Schwerpunktthema Brasilien im letzten Jahr ist hierfür ebenso ein Beweis wie die Tatsache, daß Präsident Cardoso vor wenigen Wochen ein Zentrum für Brasilienkunde in Berlin eröffnet hat.

Die brasilianische Kultur hat ihren festen Platz in Deutschland. Wir sind stolz darauf, daß einer der bedeutendsten Schriftsteller der brasilianischen Moderne, João Guimarães Rosa, Vizekonsul in Hamburg war. Sein Beispiel zeigt, daß dichtende Diplomaten und Intellektuelle in Staatsämtern oft nachhaltiger für ihr Land werben können als Berufsdiplomaten – nichts gegen letztere, sie sind natürlich ebenso unverzichtbar. In Lateinamerika hat die Verbindung von Politik und Kunst Tradition. Bei uns in Deutschland ist das eher die Ausnahme. Mir ist diese Brücke des Verständnisses, die die Kultur auch in den Bereich der Politik hinein bietet, sehr wichtig. Wir müssen gemeinsam diesen Austausch auf vielen Ebenen weiter ausbauen.

Die wenigen Beispiele zeigen ein breites und sicheres Fundament für meine Zuversicht, daß die brasilianisch-deutschen Beziehungen Zukunft haben werden. Ich besuche Ihr Land nur zwei Monate, nachdem Staatspräsident Cardoso in der Bundesrepublik Deutschland mein Gast war. Auch dieser Umstand ist ein Zeichen für die besonders freundschaftlichen Bande und die enge Verflechtung zwischen unseren beiden Staaten. Präsident Cardoso konnte sich während seines Aufenthaltes ein Bild von der Realität Deutschlands fünf Jahre nach der Vereinigung verschaffen.

Geographisch und damit auch politisch und wirtschaftlich ist die Bundesrepublik Deutschland gewachsen. Zugenommen hat auch unsere Verantwortung in der Welt. Lassen Sie mich aber hinzufügen, daß sich unser politischer Standort nicht geändert hat. Das wiedervereinte Deutschland fühlt sich denselben Werten und Zielen verpflichtet wie Westdeutschland vor dem Fall der Berliner Mauer: Erweiterung und Vertiefung der Europäischen Union, Weiterentwicklung der Atlantischen Allianz, Unterstützung der Vereinten Nationen und aller Bestrebungen nach regionaler Integration wie auch Förderung einer tragfähigen Entwicklung in den Ländern der sogenannten Dritten Welt, um nur einige aufzuführen.

Bei dem Besuch Ihres Präsidenten haben wir uns das ehrgeizige Ziel einer umfassenden Partnerschaft beider Staaten gesteckt. Außenminister Lampreia benutzte sogar den Begriff »strategische Partnerschaft«. Ich finde diesen Begriff besonders treffend, und ich will auch gleich erklären, warum:

Partnerschaft ist in einer kleiner gewordenen Welt, in der sich zahlreiche Probleme nur noch gemeinsam lösen lassen, die beste Form der Beziehung, die es zwischen zwei Ländern wie Brasilien und Deutschland gibt. Man kann sogar sagen, daß es die einzig vertretbare Form ist, wenn man gravierende Risiken für beide Seiten vermeiden und alle Potentiale gemeinsamen Nutzens realisieren will. Partnerschaft ist, wie ich meine, in unserer Zeit ein außenpolitischer Imperativ.

Da wir zahlreiche Probleme haben, die sich nicht von selbst lösen, und zahlreiche Potentiale, die sich nicht von selbst realisieren, müssen wir uns auch die ganz pragmatische Frage stellen, was denn zu tun sei. Wir müssen uns über unsere Ziele und die Mittel zu ihrer Erreichung klar werden. Das heißt, wir müssen Strategien entwickeln, und wir müssen es gemeinsam tun, indem wir voneinander lernen, indem wir bilateral zusammenarbeiten, und indem wir gemeinsam an multilateraler Zusammenarbeit teilnehmen.

Lassen Sie mich vier solcher Strategien nennen.

Die erste Strategie, an die ich denke, weil Brasilien und Deutschland sich ihr bereits verschrieben haben, ist die Strategie der Erneuerung. Brasilien hat die Zeichen der Zeit erkannt: Staatspräsident Cardoso hat die Chance ergriffen, das zweite große Modernisierungsprojekt Brasiliens in vier Jahrzehnten zu verwirklichen. Die bis heute erreichten Erfolge sind beeindruckend – die Hydra der Inflation scheint besiegt, das Korsett der Monopole gebrochen, der Ballast überholter politischer Dogmen abgeworfen. Eine Reihe wichtiger Reformvorhaben steht an: Die Reform der öffentlichen Haushalte, der Sozialversicherung, des Agrarwesens und nicht zuletzt – für mich als ehemaligen Präsidenten des Bundesverfassungsgerichts von besonderem Interesse – die Reform des Justizwesens.

Auch Deutschland steht in einer Zeit globalisierter Märkte, technischen Wandels und neuer Muster der internationalen Arbeitsteilung vor enormen Herausforderungen. Sie haben das Unternehmertum, den Arbeitsmarkt, das System der sozialen Sicherung, die Struktur der Haushalte und schließlich die Hochschulen und Forschungseinrichtungen erfaßt. Ich selbst werbe immer wieder dafür, den Begriff der Innovation nicht nur technisch zu verstehen, sondern sich auch um institutionelle, gesellschaftliche und geistige Erneuerung zu bemühen. Nur so kann man im Wettbewerb der Ideen, der Produkte, der Standorte, der Sozialstandards und der Institutionen auf Dauer bestehen. Je lebhafter der Wettbewerb in diesem Entdeckungsprozeß ist, desto größer wird auch der Nutzen sein, den alle, die sich daran beteiligen, davon haben werden.

Alle Welt spricht heutzutage von der dynamischen Entwicklung Asiens. Ich sage meinen Landsleuten hierzu: Achtet auf Lateinamerika und unterschätzt nicht das ungeheure Potential dieses Subkontinents. Ich sage weiter: Rechnet mit Brasilien und baut auf Brasilien. Dieses schon geographisch gigantische Land hat eine große Zukunft und wird früher oder später auch weltpolitische Verantwortung tragen.

Das bringt mich zu der zweiten Strategie, die für Brasilien und Deutschland gleichermaßen zentrale Bedeutung hat, zur Strategie der Integration.

Wir wissen alle, worum es dabei geht: Brasilien im Mercosur und Deutschland in der Europäischen Union. Die Bildung der ersten Europäischen Wirtschaftsgemeinschaft war eine Revolution mit wirtschaftlichen, außenpolitischen und vor allem geistigen Folgen, von denen alle Europäer noch heute profitieren. Es wurde ein Modellversuch für die ganze Welt. Bei genauer Betrachtung stellen wir aber fest, daß Brasilien ein noch älteres Vorbild liefert, und es scheint mir daher kein Zufall zu sein, daß der Rat Brasiliens bevorzugt gesucht wird, wenn es um die friedliche Zusammenarbeit der Staaten der Welt geht. Wie Deutschland in Europa ist Brasilien in Amerika das Land mit den meisten Nachbarn. Daß Ihr Land seit mehr als einem Jahrhundert mit all diesen Nachbarn in Frieden lebt, verdient das ganz besondere Interesse der Europäer!

Europa kann überhaupt sehr viel von Lateinamerika lernen. Es ist selbst ein Kontinent der Vielfalt, eine Region der Begegnung und Synthese der Kulturen, und auch Brasilien ist ein gutes Beispiel dafür. Es ist ein Schmelztiegel von verschiedenen, oft widersprüchlichen Welten. Das friedliche Zusammenleben der Kulturen und Religionen ist ein Thema, mit dem wir uns in Deutschland und Europa heute sehr intensiv beschäftigen. Für Brasilien ist das nichts Neues. Brasilien ist geradezu ein Muster der Toleranz und der Verbindung der Kulturen.

Es war stets ein Anliegen Deutschlands, die Beziehungen zu Brasilien und Lateinamerika im Rahmen der Europäischen Union zu stärken. Deswegen haben wir auch die Bemühungen um den Abschluß eines interregionalen Rahmenabkommens zwischen der Europäischen Union und dem Mercosur während der deutschen EU-Präsidentschaft aktiv gefördert. Daß dieses Abkommen ausgehandelt ist und, wie es aussieht, in wenigen Tagen vom Europäischen Rat gebilligt werden wird, ist das erfreuliche Ergebnis dieser Politik.

Die Beziehungen zwischen EU und Mercosur stehen in dem größeren Zusammenhang der in den letzten Jahren wiedergewonnenen Dynamik in den Beziehungen zwischen unseren Kontinenten. Im vergangenen Jahr verabschiedete die EU – unter deutscher Präsidentschaft – ein Grundsatzdokument über die Beziehungen Europas zu den Staaten Lateinamerikas und der Karibik. Das neue Lateinamerikakonzept, das die Bundesregierung entwickelt hat, wurde von der brasilianischen Regierung sehr positiv aufgenommen. Seine Schwerpunkte sind 1. »Intensivierung des Dialogs auf allen Ebenen«, 2. »verstärkte partnerschaftliche Anstrengungen Europas mit den Ländern Lateinamerikas und den Regionalorganisationen wie Mercosur« und 3. »Ausbau der Wirtschafts- und Kulturbeziehungen«. Damit tragen Deutschland und Europa der positiven Entwicklung und der aufstrebenden Rolle Lateinamerikas Rechnung.

Lassen Sie mich bei dem Thema »deutsch-brasilianische Wirtschaftsbeziehungen« ein wenig in die Vergangenheit schweifen und zitieren, was der Bremer Senator Gildemeister, einer der Verhandlungsführer des Handels- und Schiffahrtvertrages zwischen den Hansestädten Hamburg, Bremen und Lübeck einerseits und Brasilien andererseits, im Jahr 1826 in einem Aufsatz über Brasilien schrieb: »Brasiliens Eintritt in die Reihe der selbständigen Staaten muß für Europa in Bezug auf die fernere Entwicklung seines Gewerbefleißes höchst folgenreich werden, und vornehmlich Deutschland darf davon viel Gutes erwarten... An die Stelle einer wenig bekannten, dünn bevölkerten und vom Mutterland argwöhnisch bewachten Colonie ist ein Reich entstanden, welches alle Elemente künftiger Größe in sich vereinigt... Es wird endlich zwischen beiden Ländern in national-öconomischer Beziehung eine Wechselwirkung eintreten, deren Grenzen und endliche Resultate sich nicht bestimmen lassen. So wie die vermehrte Nachfrage nach Europäischen Fabricaten in den ehemals Britischen Colonien der mächtigste Hebel für Englands Gewerbefleiß geworden ist, so kann unter analogen Verhältnissen Brasilien dasselbe für Deutschland werden, ein allgemeines Anregungsmittel seiner industriellen Kräfte und Anlagen.« Ich meinerseits verstehe das noch heute als Anregung, unsere Anstrengungen für die offenen Märkte zu verstärken. Die Strategie der Integration muß stets auch eine Strategie der Offenheit sein.

Aber Brasilien und Deutschland sind nicht nur in der Ökonomie, sondern auch in der Ökologie aufeinander angewiesen. Das bringt mich zur dritten Strategie, die mir am Herzen liegt: zur Strategie des globalen Umweltschutzes.

Rio ist der Inbegriff geworden für den gemeinsamen Kampf für den Klimaschutz. Streiten wir uns nicht über die Lastenverteilung bei der CO_2-Reduzierung. Wir alle müssen beitragen, der Norden in Form besserer Technologien auch in seiner eigenen Industrie, der Süden vornehmlich durch den Schutz seiner eigenen Regenwälder.

Unsere bilateralen Beziehungen im Bereich Forschung und Technologie tragen dem bereits Rechnung. Während früher die friedliche Nutzung der Kernenergie ganz im Vordergrund stand, gibt es heute eine Vielfalt aktueller Themen wie Tropenökologie, Meeresforschung, Sonnen- und Windenergie, bei denen deutsche und brasilianische Wissenschaftler Seite an Seite arbeiten. Ein neuer, vielversprechender Ansatz ist die Einbeziehung privater Unternehmen, damit auch auf diesem Weg der Technologietransfer verbessert wird. Insoweit dürften auch von der FEBRAL neue Impulse ausgehen.

Jede Erwähnung unserer bilateralen Zusammenarbeit wäre unvollständig ohne einen Hinweis auf die deutsch-brasilianische Kooperation in den Bereichen Armutsbekämpfung und Förderung der Klein- und Mittelindustrie. Die Bundesregierung will Hilfe zur Selbsthilfe leisten und zum sozialen Ausgleich in Brasilien beitragen. Der deutsche Anteil am Pilotprogramm der G7-Staaten zum Schutz der tropischen Regenwälder in Brasilien erreicht etwa zwei Drittel des Gesamtvolumens der zugesagten Mittel.

Die vierte Strategie, die ich nennen möchte, ist eine multilaterale, die Strategie der globalen Friedenswahrung. Dazu gehört es, die Vereinten Nationen zu einem echten politischen System zu entwickeln, das *solche* Ziele definieren und durchsetzen kann, die nur global definierbar und durchsetzbar sind. Es ist müßig, immer wieder aufzuzählen, was alles die Vereinten Nationen in den vergangenen Jahren nicht geschafft haben. Vieles haben sie eben doch geschafft, und das ist meines Erachtens Anlaß genug, sich ernstlich an ihrer Reform zu beteiligen.

Die politisch Verantwortlichen unserer Länder und anderer befreundeter Staaten wissen, daß der wahre und dauerhafte Frieden auf das engste mit sozialer Gerechtigkeit, mit einer geordneten wirtschaftlichen Entwicklung und nicht zuletzt mit dem Schutz der Menschenrechte verbunden ist. Sich dieser Aufgaben anzunehmen, gehört zu den Pflichten eines jeden einzelnen Staates. Hinzu kommt aber die internationale, die grenzüberschreitende Dimension: Frieden und Freiheit, Fortschritt und soziale Gerechtigkeit, Demokratie und Menschenrechte in jedem Land der Welt berühren auch andere, liegen auch im Interesse anderer Staaten und Staatengemeinschaften.

In der einen Welt, in der wir heute leben, sollten wir uns, wie gesagt, immer weniger als Rivalen und immer mehr als Partner verstehen: wirtschaftliche Interdependenz, globale Umweltrisiken und neue transnationale Sicherheitsbedrohungen fügen die internationale Staatengemeinschaft zu einer Interessengemeinschaft zusammen, ob wir es wollen oder nicht. Zentrale Zukunftsfragen können heute nicht mehr national gelöst werden. Kein Staat kann auf Dauer eigene Interessen auf Kosten des anderen verfolgen, ohne selbst darunter zu leiden.

Ich möchte Sie ermutigen, konsequent auf dem von Ihnen eingeschlagenen Weg fortzuschreiten. Lassen Sie Deutschland an diesem Weg in der von mir beschriebenen Strategie der Partnerschaft teilhaben. Ich bin sicher, daß am Ende dieses Weges ein weltoffenes, prosperierendes und selbstbewußtes Brasilien als einer der maßgeblichen Akteure des 21. Jahrhunderts stehen wird. Und ich gebe unserer gemeinsamen Hoffnung Ausdruck, daß es ein Jahrhundert des Friedens, der Freiheit und der Prosperität sein wird.

Nach allem, was ich in diesen Tagen hier bereits gesehen und gehört habe, kann ich mit den Worten Stefan Zweigs, des deutschen Schriftstellers, der in Brasilien Zuflucht fand, sagen: »Brasilien, ein Land der Zukunft«.

13. Kontinent der Hoffnung

Rede vor der Organisation Afrikanischer Einheit am 27. Januar 1996 in Addis Abeba

Vor der Organisation Afrikanischer Einheit zu sprechen heißt, zu ganz Afrika zu sprechen. Daß Sie mir diese Gelegenheit bei meiner ersten Afrikareise als Bundespräsident bieten, empfinde ich als eine große Ehre.

»Ganz Afrika«, das heißt nicht nur, daß die OAE nunmehr alle afrikanischen Länder umfaßt. Es ist darüber hinaus eine der wichtigsten Leistungen dieser größten Regionalorganisation der Welt, daß es ihr gelungen ist, bei ihren Mitgliedern die Erkenntnis zu fördern, politisch und wirtschaftlich vor denselben Herausforderungen zu stehen. Damit hat die OAE dazu beigetragen, ein afrikanisches Bewußtsein zu schaffen. Ein solches Bewußtsein war auch Voraussetzung und Fundament von Zusammenschlüssen wie der Europäischen Union. Heute wissen wir: Regionale Kooperation führt zu politischer Stärke und wirtschaftlichem Aufschwung. Asien und Südamerika bieten dafür weitere gute Beispiele.

Auch Afrika hat die Zeichen der Zeit erkannt und mit der Schaffung und dem Ausbau der OAE die Grundlage für eine erfolgreiche Zukunft gelegt. Die Organisation wird politisch und wirtschaftlich zu einem immer gewichtigeren Partner in der Welt. Ich bin mir dabei allerdings auch der Schwierigkeiten bewußt, die noch überwunden werden müssen.

In der Vergangenheit hat die OAE entscheidend zur Überwindung des Kolonialismus und der Apartheid beigetragen. Jetzt steht sie vor neuen Aufgaben. Ich bin überzeugt, daß sie auch diese Aufgaben meistern wird. Selbst zu Zeiten des Ost-West-Gegensatzes, in den auch die Mitglieder der OAE hineingezogen wurden, trat diese nach außen stets geschlossen auf, trotz einer Zahl von mittlerweile 53 Mitgliedern, die sich in ideologischer Ausrichtung, wirtschaftlicher Entwicklung, Größe und Bevölkerungszahl ganz erheblich voneinander unterscheiden.

Die Zeit der großen ideologischen Debatten ist vorbei. Im Vordergrund stehen nun praktische Probleme. Wir verfolgen in Deutschland mit, wie sich die OAE seit ihrem Kairoer Gipfel von 1993 konsequent und mit großem Elan der wirtschaftlichen Entwicklung und der Konfliktbewältigung widmet. Gerade die Entwicklung eines Mechanismus für das Krisenmanagement betrachte ich als einen wichtigen Schritt in die richtige Richtung. Wir wissen: Solange Kriege und Spannungen drohen, ist es unmöglich, alle Kräfte auf den dringend notwendigen Ausbau der Demokratie und der Wirtschaft zu konzentrieren.

Aus diesem Grunde unterstützt die Europäische Union auch den Nachbarkontinent im Süden mit allen ihr zur Verfügung stehenden Mitteln bei der friedlichen Lösung von Konflikten. Das gilt für Konflikte zwischen Staaten ebenso wie für Konflikte innerhalb von Staaten, auch und gerade für solche mit wirtschaftlichen und sozialen Ursachen. Wir sollten das als Anknüpfungspunkt für eine vertiefte Zusammenarbeit begreifen.

Die Bewältigung von Konflikten ist auch Gegenstand des regelmäßigen Dialogs, den die OAE und die Europäische Union im Dezember 1994 unter der deutschen Präsidentschaft der Europäischen Union aufgenommen haben. Wir brauchen diesen Dialog. Wie sollen wir erfolgreich kooperieren und helfen, wenn wir von den jeweiligen Problemen nicht direkt, das heißt aus erster Hand, erfahren? Unsere gemeinsamen Vorhaben und Programme können von diesem Transfer des Wissens und der Erfahrungen nur profitieren.

Unser Dialog hat ein klares Ziel, nämlich einen gleichberechtigten und partnerschaftlichen Austausch zum beiderseitigen Nutzen. Ich sehe mit Genugtuung, daß die neue Partnerschaft zwischen Europa und Afrika schon konkrete Formen angenommen hat. Die Erfolge, die wir bislang gemeinsam erzielt haben, können sich sehen lassen. So war ein entscheidender Schritt nach vorn die sogenannte Berliner Erklärung über die Zusammenarbeit zwischen der Europäischen Union und der Entwicklungsgemeinschaft des südlichen Afrika SADC vom September 1994, eine Initiative, die der deutschen Außenpolitik besonders am Herzen lag. Zum ersten Mal haben hier die EU und eine afrikanische Regionalorganisation ein gemeinsames Arbeitsprogramm aufgestellt.

Weiterhin: Lomé ist zum Symbol für den neuen Geist der Zusammenarbeit zwischen den Regionen geworden. Zwei Erkenntnisse haben die Europäische Union und die Lomé-Staaten dazu gebracht, als gleichberechtigte Partner ein Abkommen über regionalweiten Handel und Entwicklungszusammenarbeit zu schließen. Erstens: Afrika braucht, um sich selbst helfen zu können, Zugang zum Weltmarkt. Und zweitens: Entwicklungszusammenarbeit bedarf der Ergänzung durch wirtschaftliche Kooperation. Daß wir uns bereits mitten in der Implementierung des vierten Lomé-Abkommens befinden, zeigt mir, daß beide Seiten die Bedeutung und die Tragweite dieses gemeinsamen Ansatzes verstanden haben.

Die Verbundenheit Deutschlands mit Afrika kommt auch in der intensiven Entwicklungszusammenarbeit in Höhe von bisher über 70 Milliarden DM, also rund 50 Milliarden US-Dollar, zum Ausdruck. Davon hat die Bundesrepublik Deutschland über 46 Milliarden DM als bilaterale öffentliche Hilfe geleistet, den größten Teil in nicht rückzahlbarer Form. Besonders bedeutsam sind dabei aus meiner Sicht die etwa 85000 Fortbildungsstipendien für Afrikaner im Rahmen staatlicher Programme.

Lassen Sie mich bitte einen Punkt verdeutlichen:

Wenn Deutschland seine Zusammenarbeit an gewisse Bedingungen knüpft, dann ist das keine Bevormundung oder gar Schikanierung seiner Partner. Es ist auch nicht Ausdruck einer Entwicklungshilfemüdigkeit. Wir haben aber die leidvolle Erfahrung gemacht, daß Entwicklungshilfe dort nicht greift, wo die Achtung der Menschenrechte, die Möglichkeit aktiver Teilnahme der Bevölkerung am politischen Prozeß, wo Rechtsstaatlichkeit und Rechtssicherheit, wo marktwirtschaftliche Wirtschaftsordnungen und die Entwicklungsorientierung staatlichen Handelns fehlen.

Bitte vergessen Sie nicht, daß wir unsere Hilfe auch

gegenüber unseren Bürgern rechtfertigen müssen, die mit ihren Steuern schließlich für diese Unterstützung aufkommen. Auch unter diesem Aspekt ist es wichtig, daß Überschaubarkeit, politische und wirtschaftliche Stabilität, »good governance« und die Respektierung der Menschenrechte gewährleistet sind.

Eine Gesellschaft ohne Transparenz und Rechenschaftspflicht der Regierung kann ihre Bürger nicht zu den Leistungen motivieren, die nötig sind, um die gewaltigen Probleme zu lösen, vor denen Afrika steht. Außerdem tragen Transparenz und Rechenschaftspflicht zur internationalen Glaubwürdigkeit der Länder bei. Diese Glaubwürdigkeit ist eine wichtige politische und wirtschaftliche Ressource, denn sie schafft Vertrauen, sie festigt bestehende Partnerschaften, begründet neue, zieht Investitionen an und ermöglicht langfristige Entwicklung.

Wenn ich heute hier als deutscher Präsident zu Ihnen spreche, dann nicht, weil ich als Experte in afrikanischen Angelegenheiten erscheinen will oder Patentrezepte für die Klärung Ihrer Probleme anzubieten habe. Aber vielleicht erlauben Sie mir, daß ich Ihnen die Erfahrungen schildere, die mein eigenes Volk im Laufe dieses Jahrhunderts machen mußte, Erfahrungen aus zwei grausamen Kriegen, einer mörderischen Diktatur, aus der Zerstörung und Teilung meines Vaterlandes.

Lassen Sie mich hier zunächst ein Wort des Dankes sagen, Dank an Sie alle für die vorbehaltlose und so nachdrückliche Unterstützung des deutschen Wiedervereinigungsprozesses. Wir haben nie vergessen, daß die Teilung Deutschlands das schmerzliche Ergebnis der Hitler-Diktatur war, und haben hieraus unsere Lehren gezogen. Eine davon ist, daß uns selbst die Aufklärung und die Werte der westlichen Kultur nicht vor dem Rückfall in die Barbarei bewahren konnten. Wir begegnen deshalb fremden Kulturen und Lebensformen ohne jeden Hochmut. Es kommt nicht darauf an, in welcher Kultur wir leben, sondern darauf, daß wir im Umgang miteinander die Menschlichkeit bewahren. Wir haben selbst erfahren, daß die Menschlichkeit dort verlorengeht, wo die Politik Freiheit und Menschenwürde nicht achtet.

Wir haben auch selbst erfahren, daß politische Stabilität ohne soziale Gerechtigkeit nicht dauerhaft sein kann. Das ist die goldene Regel der sozialen Marktwirtschaft, die unserem Land ein zuvor nie gekanntes Maß an wirtschaftlichem Wohlstand und an sozialer Sicherheit gebracht hat.

Lassen Sie mich als dritte Erfahrung nennen: Nationale Alleingänge, so hat uns die Geschichte gelehrt, führen ins Unglück. Nur in der Gemeinschaft der Europäischen Union sieht Deutschland heute eine gesicherte Zukunft, das heißt in grenzüberschreitender, vom Verständnis für die Belange der Nachbarn geprägter friedlicher Zusammenarbeit.

Und viertens: Wir haben selbst in bitteren Zeiten der Not erlebt, wie wichtig es ist, Freunde zu haben, auf deren Hilfe man vertrauen kann. Wir wissen, was Kriege, Hunger und das Gefühl der Ohnmacht gegenüber unüberwindlich scheinenden Problemen bedeuten. Daraus erklärt sich auch die große Hilfsbereitschaft der Bundesregierung, der Länderregierungen und der Kommunen in Deutschland, der Kirchen, zahlloser Hilfsorganisationen und vor allem der deutschen Bevölkerung insgesamt, die sich immer wieder zeigt, wenn irgendwo in der Welt Menschen Not leiden oder bei Katastrophen zu Schaden kommen. Ich möchte es an dieser Stelle nicht versäumen, allen meinen Landsleuten und ihren afrikanischen Partnern für ihr erfolgreiches Zusammenwirken bei der Umsetzung dieser Hilfe ausdrücklich zu danken.

Afrika ist dabei, sein Schicksal selbst in die Hand zu nehmen. Bemerkenswerte Fortschritte wurden erzielt, auch auf ökonomischem Gebiet. Darauf hat jüngst, bei der Generalversammlung der Vereinten Nationen in New York, der Außenminister Äthiopiens hingewiesen. Die Weltbank bestätigt diesen Erfolg, wenn sie in einer Dokumentation festhält, daß in der Zeit von 1988 bis 1993 insgesamt 21 Länder Ihres Kontinents ein positives Wachstum des Pro-Kopf-Einkommens erzielt haben. Diese Erfolge sind nicht zu bestreiten. Doch für zu viele gilt Afrika noch immer als der Kontinent der Armut und Unterentwicklung, der Krisen und Kriege. Außerhalb Afrikas ist sogar das Wort vom »Afropessimismus« in Mode gekommen.

Ich habe ansonsten ein entspanntes Verhältnis zu Modewörtern, doch mit dieser undifferenzierten Schwarzmalerei, die auf dem afrikanischen Kontinent nur Hunger und Elend, Bürgerkrieg und Völkermord sieht, kann ich mich nicht anfreunden. Dieses Bild wird zu Recht von all jenen als unzutreffend und ungerecht empfunden, die zur Verbesserung beigetragen haben. Lassen Sie mich auf zwei häufig übersehene Aspekte aufmerksam machen:

Erstens: Afrika, der »continent in transition«, wie die Weltbank ihre jüngste Studie überschreibt, hat viele Gesichter. Es gibt kein einheitliches Afrika. Manche nehmen die ermutigenden Tendenzen und Fortschritte aber auch einfach nicht zur Kenntnis, weil Erfolge, so spektakulär sie auch sein mögen, weniger dramatische Bilder abgeben als Katastrophen und deshalb von den Medien kaum beachtet und berichtet werden. Neben dem beeindruckenden Bild, das Südafrikas Übergang von der Apartheid zur Demokratie bietet, sind die höchst bemerkenswerten Demokratisierungsprozesse in einer ganzen Reihe anderer afrikanischer Länder von der Welt viel zu wenig zur Kenntnis genommen worden.

Zweitens: Die Erkenntnisse, welche Veränderungen vorgenommen werden müssen, sind international vorhanden. Viele betroffene Länder haben auch schon begonnen, diese Erkenntnisse in Form umfassender Strukturanpassungs- und Reformprogramme in die Tat umzusetzen. Schon jetzt sind die ersten daraus resultierenden Erfolge sichtbar. Diejenigen afrikanischen Länder, die den internationalen Empfehlungen folgen, erzielen – wie ihre Wachstumsraten zeigen – bessere Ergebnisse als solche Länder, die diesen Schritt noch nicht gewagt haben. Ich bin mir sicher, daß die kommenden Jahre für viele afrikanische Staaten in noch stärkerem Maße wichtige und positive Entwicklungen bringen werden.

Hierbei stehen die neuen afrikanischen Führungseliten vor einer schweren Aufgabe, um die ich sie nicht beneide. Sie müssen Stabilität und Wandel gleichzeitig ermöglichen, indem sie dem Drang nach Veränderungen, nach politischem und wirtschaftlichem Strukturwandel die Möglichkeit zur Entfaltung geben. Sonst bauen sich Spannungen auf, deren plötzliche Entladung all das wieder zunichte macht, was in jahrelanger mühseliger Arbeit erreicht wurde.

Die Zusammenarbeit zwischen Afrika und Europa hat, wie ich schon sagte, nach dem Ende des Ost-West-Konflikts ihren ideologischen Ballast abgeworfen. Viele der in der Vergangenheit kontrovers diskutierten Fragen erscheinen uns heute akademisch. Die politische und wirtschaftliche Realität hat sie längst überholt. So streiten wir nicht mehr über Sinn und Unsinn von Strukturanpassungsprogrammen. Die Erfolge sprechen für sich. Zu diesen Erfolgen hat auch der Lernprozeß beigetragen, den die Gebergemeinschaft durchlaufen hat. Wir wissen nun, daß man den mit vielen Programmen verbundenen sozialen Härten mehr Aufmerksamkeit schenken, ihre Auswirkungen abfedern muß. Es gibt in Afrika erste Beispiele dafür, daß die Auswirkungen der Strukturanpassung nicht in beeindruckenden Zahlen der Makroökonomie hängenbleiben, sondern den einzelnen Menschen erreichen. Und um den geht es uns doch in der Entwicklungspartnerschaft. Wir wollen nicht die Statistiken verbessern, sondern die Lebensverhältnisse der Menschen.

Wir streiten heute auch nicht mehr darüber, daß sich die Wirtschaft nur in einem stabilen demokratischen Umfeld entfalten kann, in dem die Menschenrechte und sozialen Grundrechte garantiert werden.

1. Kein afrikanischer Bürger trägt längere Zeit klaglos hohe Steuerlasten, wenn die Verwendung der öffentlichen Gelder nicht kontrolliert wird.
2. Kein europäisches Unternehmen wird investieren, wenn seine Mitarbeiter und ihr Eigentum nicht hinreichend geschützt sind. Es gibt keine Prosperität ohne Partizipation. Wirtschaftliche und politische Freiheit gehören untrennbar zusammen.

Diese Überlegungen zur aktuellen Situation in Afrika

und unsere aus der eigenen deutschen Geschichte gewonnenen Überzeugungen bilden die Basis unserer Zusammenarbeit mit Afrika. Diese Partnerschaft ordnet sich zunächst der durch die Präambel der UN-Satzung und durch den ersten Satz des deutschen Grundgesetzes jeder Regierung vorgeschriebenen Verfolgung einer globalen Friedenspolitik unter. Zweitens trägt sie den Besonderheiten des afrikanischen Kontinents Rechnung. Das heißt, wir müssen stets auch die sozialen und kulturellen Gegebenheiten berücksichtigen.

Was bedeutet das für die praktische Politik?

In einer Zeit der Globalisierung der Politik wie auch der Probleme lassen sich die Interessen eines Landes, die Sicherheit und der Wohlstand seiner Bürger immer weniger von den gemeinsamen Interessen aller Länder trennen. Die Wirtschaft denkt und handelt schon längst nicht mehr in nationalen, sondern in globalen Kategorien. Auch Umweltprobleme machen vor nationalen Grenzen nicht Halt. Auf die Globalisierung der Probleme müssen wir deshalb mit der Globalisierung der Lösungsansätze antworten. In einer vernetzten Welt sind die Probleme des afrikanischen Kontinents auch unsere Probleme, sind Ihre Interessen auch unsere Interessen. In diesem Sinne setzen wir uns für Frieden, soziale und wirtschaftliche Entwicklung weltweit ein, tragen zur Verbreitung der Demokratie bei und wirken am Ausbau der Vereinten Nationen zu einem repräsentativen System der Friedenssicherung und der Entwicklungsstrategie mit. Eine solche Politik ist Ausdruck unserer Mitverantwortung für unser aller Wohlergehen, ja für unser Überleben in unserer eigenen Welt, die wir heute schon als globales Dorf bezeichnen.

Heute wird viel debattiert über einen angeblichen Gegensatz zwischen Interessenpolitik und Verantwortungspolitik. Dieser Gegensatz existiert unter den Bedingungen des heutigen internationalen Systems nicht mehr, wenn Interessen, auch nationale Interessen langfristig, und das heißt: richtig definiert werden. Das alles gilt selbstverständlich, mutatis mutandis, auch für die deutsche Afrikapolitik.

Für Afrika und Europa geht es heute darum, die langfristigen gemeinsamen Interessen zu erkennen und die neuen sicherheitsbedrohenden Risiken des ausgehenden Jahrtausends mit vereinten Anstrengungen zu bekämpfen: Armut, Verelendung, Hungersnöte, Bevölkerungsexplosion, Flüchtlingsströme, grenzüberschreitende Kriminalität und Drogenhandel, Klimaveränderungen und Wüstenbildung, Völkermord und Zerfall staatlicher Ordnungen.

Lassen Sie mich aber betonen: Unsere Zusammenarbeit mit Afrika erschöpft sich nicht in der gemeinsamen Bekämpfung moderner Bedrohungspotentiale. Sicherlich ist eine solche Kooperation in der gegenwärtigen schwierigen Situation der meisten afrikanischen Staaten eine wichtige gemeinsame Aufgabe. Wir hoffen aber, daß schrittweise andere Zielsetzungen in den Vordergrund treten, daß ein partnerschaftlicher Austausch zum beiderseitigen Nutzen an die Stelle der heute noch weit verbreiteten Geber-Nehmer-Mentalität treten kann. Mit vielen afrikanischen Staaten haben wir auf dem Wege zu solch einer neuen Beziehung schon große Fortschritte gemacht.

Wir fördern auch entschieden die regionale Zusammenarbeit in Afrika, denn wir wissen aus eigener Erfahrung, daß sie am besten geeignet ist, zu Stabilität und Wohlstand beizutragen. Neben der wirtschaftlichen und entwicklungspolitischen Zusammenarbeit gehört auch der Kulturaustausch untrennbar zu unserer Partnerschaft mit Afrika. Dieser Austausch ist keine Einbahnstraße. Gerade wir Europäer brauchen mehr Wissen über Afrika. Nur auf dieser Grundlage können wir das gegenseitige Verstehen und den politischen Dialog fördern.

Die Überwindung der Apartheid in Südafrika und die Unabhängigkeit Namibias, die Steigerung des Sozialprodukts in Ländern wie Mali, Côte d'Ivoire, Senegal, Kenia, Botswana und Ghana, die positive Entwicklung der politischen und wirtschaftlichen Reformen in Uganda, Äthiopien und Eritrea, um nur einige Beispiele von vielen zu nennen. Sie alle zeigen: Ein Gutteil der positiven Veränderungen auf diesem Kontinent ist das Ergebnis originärer, innerer Entwicklungen. Natürlich haben die Veränderungen der weltpolitischen Umweltbedingungen diese Entwicklungen unterstützt, aber eben nur unterstützt. Das bestärkt mich in der Überzeugung, daß nur die eigene Einsicht in die Notwendigkeiten, verbunden mit der Entschlossenheit, die Probleme selbst anzugehen, Aussicht auf dauerhaften Erfolg haben kann.

Afrika, da bin ich mir sicher, ist auf dem Weg in eine bessere Zukunft. Dieser Kontinent hat große natürliche Ressourcen und ein unglaubliches menschliches Potential. Afrika hat es in der Hand, die Weichen in Richtung Wohlstand, soziale Gerechtigkeit und Rechtsstaatlichkeit zu stellen. Dabei wollen wir Sie unterstützen. Staatliche Zusammenarbeit ist dabei nur ein Teil dieser Hilfe. Auch die politischen Stiftungen und viele andere Nichtregierungsorganisationen leisten hier wertvolle Beiträge. Unterstützung durch die private Wirtschaft können wir freilich nur ermuntern, aber nicht erzwingen. Mit Stabilität und Sicherheit bieten Sie Investoren das beste Argument, sich in Afrika zu engagieren.

Ich brauche nicht eigens darauf hinzuweisen, daß jeder Partner die Freiheit hat, Entwicklungen, die seinem Politik- und Demokratieverständnis zuwiderlaufen, nicht zu unterstützen. Das gilt vor allem bei klaren Menschenrechtsverletzungen. Sie verlangen von uns nicht nur ein Überdenken unserer Zusammenarbeit, sondern erfordern zudem nach weltweitem Rechtsverständnis, daß diese auch zur Sprache gebracht werden. Kein Land, keine Regierung kann unter Hinweis auf seine Souveränität oder auf die inneren Angelegenheiten eines Staates Menschenrechtsverletzungen rechtfertigen. Jeder muß sich hier der Kritik stellen.

Afrika gilt als die Wiege der Menschheit. Später entwickelten sich hier Hochkulturen, deren politische, religiöse, kulturelle, wissenschaftliche und soziale Errungenschaften manchmal direkt, manchmal auf Umwegen die Vorstellungen der gesamten Menschheit beeinflußten. Es waren die an das Mittelmeer angrenzenden Länder Afrikas, aber auch Reiche wie das von Axum hier am Horn von Afrika oder die Königreiche Mali im Westen und Simbabwe im Süden, die in der Vergangenheit in Europa das Bild eines Kontinents großer Reichtümer und hoher Entwicklung prägten.

Europa und Afrika haben eine lange gemeinsame Geschichte, die freilich oft von Kriegen und Unterdrükkung bestimmt war. Lassen Sie uns dieses Kapitel der

Geschichte schließen und zu einer neuen Ära der Zusammenarbeit kommen. Viele Europäer kennen Ihre Länder. Viele Afrikaner haben in Europa studiert und sind daher mit unserer Kultur und Mentalität vertraut. Es gibt viele großartige Beispiele, in denen sich afrikanische und europäische Kultur gegenseitig befruchtet haben. Wenn wir weiterhin bereit sind, aufeinander zu hören, voneinander zu lernen, gleichberechtigt im Geben und Nehmen, dann werden wir zu einem neuen Miteinander finden.

Es ist meine feste Überzeugung, daß die Chancen für eine friedliche und erfolgreiche Entwicklung Afrikas heute entschieden besser sind als vor 10 Jahren. In Deutschland haben wir die stolzen Erfolge des neuen Afrika bemerkt:

- friedliche Lösungen von jahrzehntealten Konflikten,
- ungezählte freie Wahlen, problemlose Regierungswechsel,
- das Bemühen um neue politische und wirtschaftliche Strukturen unter aktiver Beteiligung der Bevölkerung
- und erste Ansätze wirtschaftlichen Aufschwungs. Ohne deshalb gleich zum Afrooptimisten zu werden, möchte ich mich zu einem zuversichtlichen Afrorealismus bekennen.

Dieselbe Haltung hat sich auch bei uns im Umgang mit den Europapessimisten bestens bewährt.

In meiner zugleich optimistischen und, wie ich hoffe, realistischen Einschätzung der Zukunft dieses reichen Kontinents hat mich die erste Woche meiner Afrikareise bestärkt.

Das liegt nicht zuletzt an den Menschen, denen ich begegnet bin. Die Offenheit, die Wärme, der Humor, also einfach die Menschlichkeit, die ich überall gespürt habe, haben mir eines klargemacht: Der wahre Reichtum Afrikas sind seine Menschen. Ich werde nach Deutschland zurückkehren mit der Gewißheit, daß dieser Kontinent und seine Menschen und daß dieser Kontinent in seinen Menschen eine große Zukunft hat!

14. Dialog der Regionen

Ansprache anläßlich der Teilnahme am Gipfeltreffen der Staatschefs Zentralamerikas am 8. Mai 1996 in Montelimar/Nicaragua

1.

Das Bild Zentralamerikas war in den achtziger Jahren noch von blutigen Konflikten in einigen Ländern geprägt. Heute gilt diese Region als Modell einer erfolgreich verlaufenden Befriedung und Demokratisierung.

Bei aller Würdigung der in der Region erzielten Fortschritte bin ich mir natürlich darüber klar, daß wir es hier mit eigenständigen Staaten zu tun haben, deren demokratische und soziale Entwicklungsprozesse sowie geschichtliche Entwicklungen höchst unterschiedlich verlaufen sind und die sich einer pauschalen Betrachtung entziehen. Trotzdem möchte ich die Gunst der Stunde und den genius loci nutzen, um mit Ihrer Hilfe über die bemerkenswerten Entwicklungen in der Region und den Prozeß der regionalen und interregionalen Kooperation nachzudenken.

2.

Wir sind Zeugen einer historischen Entwicklung. Die Staaten Zentralamerikas haben – und wie mir scheint: erfolgreich – die nicht leichte Aufgabe angepackt, ihre Probleme auf drei Ebenen gleichzeitig in Angriff zu nehmen:

erstens auf der Ebene der einzelnen Staaten durch die Konsolidierung der Demokratie und des Rechtsstaates, Achtung der Menschenrechte sowie Verfolgung einer marktwirtschaftlich orientierten Wirtschaftspolitik;

zweitens innerhalb der Region durch eine immer dichter werdende Zusammenarbeit auf verschiedenen Gebieten, dokumentiert durch Ihre regelmäßigen Gipfeltreffen, durch regionale Institutionen wie das zentralamerikanische Integrationssystem SICA und das zentralamerikanische Parlament sowie, im konzeptionellen Bereich, durch die »Allianz für nachhaltige Entwicklung«, und schließlich

drittens auf der interregionalen Ebene durch den Ausbau der Kooperation, etwa durch den San-José-Dialog der zentralamerikanischen Staaten mit der Europäischen Union.

3.

Lassen Sie mich auf den *ersten Punkt* zu sprechen kommen, auf *Problemlösungen im staatlichen Rahmen.* Hier ist zuallererst die Wiederherstellung des Friedens in einigen von inneren Konflikten zerrissenen zentralamerikanischen Staaten zu nennen. Wohlgemerkt: Dieser bereits in den 80er Jahren in Gang gesetzte Friedensprozeß ist das Ergebnis eines schon vor dem Ende des kalten Krieges konsequent verfolgten Befriedungs- und Friedenspolitik der betroffenen Staaten selbst, die von benachbarten und befreundeten Ländern unterstützt wurde. Esquipulas II, das zentralamerikanische Friedensabkommen von 1987, führte zum Ende der bewaffneten Konflikte in Nicaragua und El Salvador und war, wie der damalige Präsident von El Salvador treffend sagte, die zweite Unabhängigkeitserklärung Zentralamerikas. Dieser Wandel in der Region wird auch gekennzeichnet durch die kürzlich erfolgte Wahl des Delegierten von El Salvador zum Vizepräsidenten der UN-Menschenrechtskommission und die konsequent betriebene Demilitarisierung in verschiedenen Staaten der Region. Am 20. März dieses Jahres haben die Regierung Guatemalas und die Guerillabewegung gleichzeitig eine unbefristete Waffenruhe verkündet. Wir sind zuversichtlich, daß auch die Friedensverhandlungen in Guatemala bald erfolgreich abgeschlossen werden können. Unsere guten Wünsche begleiten Präsident Arzú und das guatemaltekische Volk auf diesem Wege.

Die Erfahrung lehrt uns, daß Demokratien untereinander nie oder zumindestens selten Krieg führen. Daher ist die Förderung der Demokratie überall in der Welt gleichzeitig auch ein Stück präventiver Sicherheitspolitik. In allen Ländern dieser Region, ja praktisch in ganz Lateinamerika, sind die Regierungen aus demokratischen Wahlen hervorgegangen. Diese Legitimation verschafft ihnen die Autorität und den Rückhalt in der Bevölkerung, ohne den die notwendigen Reformen nicht durchgeführt werden können. Ich denke hier nicht nur an Wirtschaftsreformen, sondern auch an den Ausbau der demokratischen Infrastruktur, an die Festigung der Rechtsstaatlichkeit und des Respekts vor den Menschenrechten, an die Entwicklung einer wirklich unabhängigen Justiz, an eine transparente öffentliche Verwaltung, an die fundierte politische Bildung der Bevölkerung. Dies alles sind Bereiche, in denen die deutschen politischen Stiftungen über Jahrzehnte hinweg befreundeten Staaten Hilfestellung leisteten und noch leisten. Dafür möchte ich ihnen heute ausdrücklich Dank sagen. Weil die Arbeit unserer politischen Stiftungen gerade in Lateinamerika besondere Anerkennung findet, habe ich deren führende Repräsentanten gebeten, mich als Sondergäste auf dieser Reise zu begleiten. Sie weilen heute unter uns, und ich begrüße sie herzlich.

4.

Lassen Sie mich nun zum *zweiten Punkt* kommen, der *Kooperation innerhalb der Region.*

Der guatemaltekische Literaturnobelpreisträger und große Sohn Ihrer Region, Miguel Angel Asturias, hat 1967 in einem Interview mit dem deutschen Schriftsteller Günter Lorenz die Bedeutung der Einheit Lateinamerikas betont: »Nationales, nicht nationalistisches Denken bei uns führt ja automatisch zur Einheit, weil die heutige Situation, die vielen Selbständigkeiten in Lateinamerika, einfach nach der Einheit schreien.«

Zentralamerika hatte den Integrationsprozeß zum Zeitpunkt dieses Interviews längst in die Wege geleitet und bereits 1960 durch Gründung des gemeinsamen Marktes in die Wirklichkeit umgesetzt. Weitere erwähnenswerte Schritte auf dem Weg zur Integration waren die Gründung des zentralamerikanischen Parlaments, das gemeinsame Zollsystem, die Freihandelszone und das Kapitalverkehrsabkommen von 1993. Noch sind nicht alle Länder in allen Institutionen gleichermaßen vertreten, und es gibt sicherlich in diesem Bereich noch einiges zu tun. Die Weichen aber sind gestellt.

Ihre Gipfeltreffen, meine Herren Präsidenten, sind

zusammen mit dem Rat der Außenminister und dem Exekutiv-Komitee ein bedeutendes Instrument der zentralamerikanischen Integrationsbemühungen und das wichtigste Forum, um die alle berührenden Probleme und Fragen zur Sprache zu bringen. Ein vielversprechendes Ergebnis dieser Kooperation ist die 1994 geschaffene »Allianz für nachhaltige Entwicklung in Zentralamerika«. Sie haben damit ein ehrgeiziges, umfassendes und vielseitiges Konzept entwickelt, das zum dauerhaften Frieden und zum Wohlstand Ihrer Völker beitragen wird.

Gestatten Sie mir, den Blick über die zentralamerikanische Region hinaus auf Lateinamerika und weiter auf den ganzen amerikanischen Kontinent zu richten. Auch hier sind erstaunliche Bewegungen zu verzeichnen. Es entstehen nicht nur neue Kristallisationszentren, wie beispielsweise der Mercosur im südlichen und NAFTA im nördlichen Teil des Kontinents, auch im kleineren Rahmen verdichtet sich das Netz vertraglicher Abmachungen mit den Nachbarn. Am Horizont zeichnet sich sogar ein wahrhaft gigantisches Projekt ab, eine gesamtamerikanische Freihandelszone mit 34 Mitgliedsländern und 750 Millionen Verbrauchern. Wie das Unternehmerforum Ende März im kolumbianischen Cartagena zeigte, wird hierüber bereits ernsthaft nachgedacht.

5.

Das aber führt mich bereits zum *dritten Punkt*, der *Zusammenarbeit Zentralamerikas mit anderen Regionalorganisationen*, und hier zuallererst zur Kooperation mit Europa.

Miguel Angel Asturias meinte 1967 in dem bereits

erwähnten Gespräch mit Günter Lorenz, Europa habe Lateinamerika vergessen. Notwendig sei hingegen, »daß die Änderung des gemeinsamen Denkens zwischen Europa und Lateinamerika damit beginnt, daß die Europäer erkennen, daß Lateinamerika eine direkte Erbin Europas ist, der europäischen Kultur«. »In meinem Kontinent«, so fuhr Asturias fort, »sind alle geistigen und politischen Vorstellungen zusammengeflossen, aus Spanien, aus Portugal, Italien, Frankreich und auch Deutschland. Sie haben unsere Länder geformt, wir haben diese Vorstellungen dann weiterentwickelt und umgeformt. Wir sind nicht nur Lieferanten von Tabak und Mais und Fleisch für Europa. Europa wird in Zukunft auch andere Impulse von uns empfangen. Wir sind eine Welt von morgen.«

Die engen Bande zwischen Lateinamerika und Europa und die wechselseitigen Impulse sind uns heute allen bewußt. Das von Asturias erwähnte »Lateinamerika als Welt von morgen« ist längst Realität geworden. Das war allerdings 1984, als der damalige Präsident Costa Ricas, Luis Alberto Monge, und Bundesaußenminister Hans-Dietrich Genscher die Initiative zu einem interregionalen Dialog zwischen Zentralamerika und der Europäischen Gemeinschaft ergriffen, noch alles andere als klar, denn zu jenem Zeitpunkt stand mehr die Konfliktbewältigung als die Entwicklung von Zukunftsperspektiven im Mittelpunkt des Denkens und Handelns. Insofern war das seinerzeit ein weit vorausschauender, ja mutiger Schritt.

Wir haben die Rolle Europas im San-José-Dialog immer darin gesehen, den Friedensprozeß in Zentralamerika durch Unterstützung solcher politischer Lösungen zu fördern, die aus der Region selbst kommen. Die San-José-Konferenzen haben dazu beigetragen, den Friedensprozeß auch in Zeiten der Stagnation am Leben zu halten und wirtschaftlich abzusichern.

Im März dieses Jahres wurde auf der zwölften San-José-Konferenz in Florenz ein neues Kapitel im euro-zentralamerikanischen Dialog aufgeschlagen. Es trägt den politischen Veränderungen der vergangenen zwölf Jahre in der zentralamerikanischen Region wie auch bei uns in Europa Rechnung. In der neuen Phase des San-José-Dialogs geht es vornehmlich um die weitere Absicherung des Friedens- und Demokratisierungsprozesses in Zentralamerika durch Ausbau des Rechtsstaats, gesellschaftliche Stabilisierung, Abbau sozialer Ungleichheiten und durch die Integration der Region in die Weltwirtschaft.

Der San-José-Prozeß trägt zudem Züge einer interregionalen Kooperation, die ich bei einem früheren Anlaß einmal als »strategische Partnerschaft« bezeichnet habe. Strategisch deshalb, weil es eine Partnerschaft ist, die über den Horizont einer Region hinausschaut, die damit in unsere Zeit wachsender Vernetzung und Globalisierung paßt und die maßgeblich auch auf ein Zusammenwirken bei der globalen Friedenswahrung zielt. Dahinter steht die Erkenntnis, daß die Lösung von Problemen durch Intelligenz und Verhandlungskunst, also durch sogenannte »soft power«, und nicht durch Säbelrasseln, Kriegsgebrüll und andere schreckenserregende Methoden der sogenannten »hard power« erreicht werden sollte. Hier in Zentralamerika wurde erfolgreich vorexerziert, was soft power vermag, und zwar schon vor dem Ende des kalten Krieges und des bipolaren Kräftesystems. Zu dieser Pionierrolle können wir Sie nur beglückwünschen und sie anderen zur Nachahmung empfehlen.

Auch das neue Lateinamerikakonzept der deutschen Bundesregierung stellt auf diese langfristig angelegte Kooperation ab und mißt verstärkten partnerschaftlichen Anstrengungen gerade auch zwischen den Regionalorganisationen zukunftsweisende Bedeutung bei. Das Konzept zielt auf einen dreifachen Brückenschlag nach Lateinamerika ab, einen politischen, einen wirtschaftlichen und einen kulturellen. Mit diesem konzeptionellen Akkord wollen wir die Zusammenarbeit mit Ihnen auf allen wichtigen Problemfeldern vertiefen. Wir wissen, Ihre Probleme sind im Zeitalter der Globalisierung der Politik letztlich auch die unseren, und wir sind uns dabei auch bewußt, daß starke, selbstbewußte Regionen mit den Herausforderungen unserer Zeit besser fertig werden und daß sie eher imstande sind, sich bietende Chancen zu nutzen. Sie in Zentralamerika haben die Zeichen der Zeit erkannt und die richtigen Schritte eingeleitet. Die EU und Deutschland unterstützen Sie dabei nach Kräften, und zwar aus der Erkenntnis heraus, daß es zur Partnerschaft zwischen den Regionen keine Alternative gibt. Wir unterstützen Sie aber auch aus historischer Sympathie und enger Freundschaft zu Zentralamerika.

6.

Es gibt eine lange und fruchtbare Tradition des Austausches zwischen Ihrer Region und Deutschland. Das rege gegenseitige Handelsinteresse fand bereits zu Beginn des vergangenen Jahrhunderts seinen Niederschlag in einer ganzen Reihe von Freundschafts- und Handelsverträgen. Die Staaten Zentralamerikas gehörten auch zu den ersten, die mit der jungen Bundesrepublik Deutschland konsularische und später diplomatische Beziehungen aufnahmen. Die seit den siebziger Jahren eskalierenden Konflikte brachten Zentralamerika in Deutschland ins Bewußtsein der breiten Öffentlichkeit und lösten eine beachtliche und außerordentlich emotionale Anteilnahme an den politischen Ereignissen in einzelnen Ländern Ihrer Region aus.

An diesem regen Interesse Deutschlands an den Entwicklungen in Zentralamerika hat auch die Wiedervereinigung nichts geändert. Auch unser politischer Standort ist gleich geblieben: Das wiedervereinigte Deutschland fühlt sich denselben Werten und Zielen verpflichtet wie die Bundesrepublik vor dem Fall der Berliner Mauer: Das sind im wesentlichen die Erweiterung und Vertiefung der Europäischen Union, die Weiterentwicklung der Atlantischen Allianz, die Unterstützung der Vereinten Nationen und die Förderung einer nachhaltigen Entwicklung in den Ländern Lateinamerikas, Asiens und Afrikas.

Wir Deutsche erinnern uns dankbar an Ihre Unterstützung bei der Überwindung der Spaltung unserer Heimat. Diese Unterstützung ist unvergessen, das möchte ich hier ausdrücklich noch einmal erwähnen.

Zentralamerika ist auch die Schwerpunktregion unserer Entwicklungszusammenarbeit mit Lateinamerika. Im Durchschnitt der letzten Jahre hat die Bundesregierung jeweils 250MioDM für die Staaten Ihrer Region zur Verfügung gestellt. Dazu kommen noch die Eigenleistungen vieler Nichtregierungsorganisationen, die sich mit oftmals großem persönlichen Einsatz beim Wiederaufbau und bei der Beseitigung und Linderung der Bürgerkriegsfolgen engagiert haben und weiterhin engagieren.

Unter den Mitgliedstaaten der Europäischen Union ist Deutschland der zweitgrößte Handelspartner Zentralamerikas. Das mögliche Handelsvolumen ist damit sicher noch nicht ausgeschöpft. Die Bundesregierung unterstützt deshalb aktiv den Ausbau der wirtschaftlichen Beziehungen zu den Staaten Zentralamerikas. Unser Ziel ist dabei, verstärkt auch mittelständische Unternehmen für ein Engagement in der Region zu interessieren und zentralamerikanischen Unternehmen neue Marktchancen bei uns zu eröffnen.

Wir sind uns bewußt, daß gemeinsame kulturelle Wurzeln mehr bieten als nur gelehrten Gesprächsstoff. Wir halten daher entschieden an unserem kulturellen Engagement in Lateinamerika fest. Es findet seinen Niederschlag in den deutschen Begegnungsschulen, in den Goethe-Instituten und Kulturgesellschaften und nicht zuletzt auch in der erfolgreichen Zusammenarbeit im Hochschulbereich.

Lassen Sie mich abschließend nochmals unterstreichen:

Zentralamerika ist dabei, zum Modell für die Lösung von bewaffneten Konflikten und der Friedenssicherung zu werden. Sie können stolz sein auf das Erreichte. Ich ermutige Sie, auf diesem erfolgversprechenden Weg fortzufahren. An der Schnittstelle zwischen Nord- und Südamerika, an dem Punkt, an dem sich der atlantische und der pazifische Ozean berühren, haben Sie die Möglichkeit, den Dialog und den Handel in alle Himmelsrichtungen und mit der Aussicht auf eine vielversprechende Zukunft zu gestalten und zu vertiefen. Deutschland und die Europäische Union stehen dabei an Ihrer Seite.

IV. Zivilisation der Verständigung

15. Das Gemeinsame entdecken

Vortrag vor dem Department of International Relations der Quaid-e-Azam-Universität am 5. April 1995 in Islamabad

Mein Staatsbesuch in Pakistan führt mich in ein Land von hoher kultureller Tradition. Vor fünftausend Jahren schon haben sich hier Formen frühmenschheitlicher Zivilisation entwickelt, die den Hochkulturen an Nil und Euphrat ebenbürtig waren. Später bildete Ihr Land die Brücke, über die der Geist der griechischen Antike in den Subkontinent eindrang. Ein Geist, der die örtlichen Kulturen – ich erinnere an die Ghandara-Kultur – zeitweilig wesentlich mitprägte. Die große Dynastie der Mogulkaiser hat im heutigen Pakistan bewunderungswürdige Bauwerke und andere Denkmäler menschlichen Geistes hinterlassen. Ich freue mich, einige dieser Denkmäler morgen in Lahore zu besichtigen, und ich bedauere, daß es mir aus Zeitgründen verwehrt ist, eine größere Zahl der vielen kulturhistorisch interessanten Bauwerke und Plätze in Ihrem Land sehen zu können.

Wohl keiner hat schon vor hundert Jahren so tief über die Beziehungen zwischen Ihrer und unserer Kultur nachgedacht wie Ihr großer Dichter und Denker Mohammed Iqbal. Wir sind stolz, daß Iqbal einen Teil seiner Studienjahre in Deutschland verlebte und daß die deutsche Kultur diesem großen Gelehrten zu einem gewissen

Teil wichtige Anregungen geben konnte, wodurch auch wir gewonnen haben. Denn in seinen Notizen hat Iqbal vieles Bedenkenswerte über Deutschland und seine klassische Literatur und Philosophie hinterlassen. Sein auf Goethe bezogenes Wort »Unsere Seele entdeckt sich selbst, wenn wir mit einem großen Geist in Berührung kommen!« läßt sich auf den Philosophen selbst ummünzen: Durch die Augen dieses Denkers schärft sich auch unser Blick auf Ihr Land.

In diesem Zusammenhang möchte ich erwähnen, daß ich neben dem Abgeordneten und stellvertretenden Vorsitzenden des Haushaltsausschusses des Deutschen Bundestages, Herrn Roth, und einem bedeutenden Historiker der Indus-Kultur ersten Ranges, Herrn Professor Jansen, auch die renommierteste Pakistan- und Iqbal-Expertin meines Landes, Frau Professor Annemarie Schimmel, gewinnen konnte, mich nach Pakistan zu begleiten.

Aber es geht mir nicht nur um eine Reise in die ferne geschichtliche Vergangenheit, so reizvoll sie ist. Unsere beiden Länder sind Mitspieler, Mitgestalter und gleichberechtigte Partner bei den großen politischen Entwicklungen, die unsere Gegenwart bestimmen.

In Deutschland gedenken wir in diesen Wochen des fünfzigsten Jahrestages der Beendigung des Zweiten Weltkrieges. Ich habe vor sieben Wochen in Dresden eine Rede gehalten, an einem Ort also, der wohl wie kaum ein anderer zur Besinnung über die Greueltaten jedes Krieges auffordert. Ich sagte damals: »Wir gedenken derer, die verfolgt und getötet wurden, weil sie einem anderen Volk angehörten oder einer anderen Rasse zugerechnet wurden. ... Wir gedenken derer, die ums Leben kamen, weil sie Widerstand gegen Gewaltherrschaft leisteten, und derer, die den Tod fanden, weil sie an ihrer Überzeugung oder an ihrem Glauben festhielten.«

Auch Sie haben gestern eines Tages gedacht, der für die jüngste Geschichte Pakistans ein wichtiges und tragisches Ereignis bedeutet. Auch Sie haben sich darauf besonnen, welch wichtiges, unverzichtbares Gut die Freiheit des Gedankens und die Freiheit vor politischer Verfolgung darstellt.

Die Gemeinsamkeit dieser Wertvorstellungen ist eine zentrale Grundlage unserer Freundschaft und der pakistanisch-deutschen Beziehungen. Unsere beiden Regierungen achten die Herrschaft des Rechts über die Ungerechtigkeit und die Freiheit des Andersdenkenden. Sie respektieren unsere Verantwortung gegenüber den großen Aufgaben unserer Zeit wie die Bekämpfung von Hunger und Armut, den Schutz der Umwelt und der natürlichen Reichtümer unseres Planeten sowie die Erhaltung beziehungsweise die Wiederherstellung des Friedens, wo dies erforderlich ist.

Ich komme aus einem Land, das den epochalen Wandel Ende der achtziger Jahre ganz besonders folgenreich erlebte und das sich noch immer im Wandel befindet. Ich weiß, mit welch großer Anteilnahme und Sympathie das pakistanische Volk die deutsche Wiedervereinigung begleitet hat und möchte dafür an dieser Stelle aufrichtig Dank sagen.

Ich habe nicht vor, mich längeren Exkursen zur deutschen Außenpolitik hinzugeben. Lassen Sie mich aber sagen, daß sich das wiedervereinte Deutschland denselben Werten verpflichtet fühlt wie Deutschland vor dem

Fall der Berliner Mauer: Erweiterung und Vertiefung der Europäischen Union, Weiterentwicklung der Atlantischen Allianz, Unterstützung der Vereinten Nationen und aller Bestrebungen nach regionaler Integration, Förderung einer tragfähigen Entwicklung in den Ländern der südlichen Hemisphäre, um nur einige aufzuführen.

Gemessen an der alten Bundesrepublik ist Deutschland territorial wie wirtschaftlich größer und damit politisch auch gewichtiger geworden. Wir sind gewachsen, das steht außer Frage, und wir sind bereit, unseren gewachsenen internationalen Verpflichtungen nachzukommen. Aber wir sind durchaus in der Lage, unsere Möglichkeiten und Fähigkeiten realistisch einzuschätzen. Begriffe wie »Großmacht« oder »Europas Führungsmacht« werden von anderen, nicht von uns geprägt. Bescheidenheit steht uns gut zu Gesicht, und das sage ich, wenn notwendig, auch meinen Landsleuten.

Eine wesentliche Maxime deutscher Außenpolitik war und ist die Zusammenarbeit mit den Ländern Afrikas, Lateinamerikas und Asiens. Hierbei spielt Asien naturgemäß eine herausgehobene Rolle.

Die Bundesrepublik Deutschland hat gerade in letzter Zeit erhebliche Anstrengungen unternommen, sich auf die Bedeutung Asiens für ihre Außenpolitik zu besinnen. Im Oktober 1993 hat die Bundesregierung ein Asien-Konzept verabschiedet, das den aktuellen Entwicklungen im asiatisch-pazifischen Raum Rechnung trägt. Dieses Konzept ist die notwendige Antwort auf die augenfällige Verlagerung politischer und wirtschaftlicher Energien in die asiatische Weltregion, der mit Abstand dynamischsten Wachstumsregion unserer Zeit.

Hierauf wollen wir Europäer uns einstellen. Gerade wir Deutschen tun auch gut daran, nach den Jahren der Fixierung auf das Ost-West-Verhältnis und auf den Prozeß der Wiedervereinigung, unseren Blick für die wahrhaft atemberaubende Entwicklung in dieser Weltgegend zu schärfen und die richtigen Konsequenzen daraus zu ziehen.

Anfang 1994 haben sich die im asiatisch-pazifischen Raum akkreditierten deutschen Botschafter in Bonn auf einer Konferenz unter Leitung des Bundesaußenministers getroffen, um das neue Asienkonzept zu diskutieren. Dabei wurden auch Leitlinien zur Umsetzung des Konzepts erarbeitet. Mein Vorgänger im Amt, Bundespräsident a. D. von Weizsäcker, hat die Botschafter damals empfangen und sich von ihnen aus erster Hand über die Entwicklung und Zukunftschancen Ihres Kontinents unterrichten lassen. Von Anfang an war es ein wesentliches Element unserer neuen Asienpolitik, daß der Besuchsaustausch auf hoher und höchster politischer Ebene verstärkt werden sollte. Mein Besuch in Pakistan – mein erster Staatsbesuch – gehört in dieses Konzept. Er führt mich zu einem unserer wichtigsten Partner in Asien und ist somit auch Ausdruck unseres erneuerten Bewußtseins für die Wichtigkeit Asiens insgesamt.

Wir wollen sehr viel mehr über diesen Kontinent und auch über Ihr Land wissen und uns noch mehr dort umtun. Wir hoffen, daß es uns gelingt, uns auf Asien und damit auch auf das Partnerland Pakistan noch besser einzustellen. Es sollte das gemeinsame Ziel der Europäischen Union wie der Länder Asiens sein, sich kontinuierlich über die brennenden Probleme und Fragestellungen unserer Zeit auszutauschen, etwa über unsere Mitverantwortung für die Sicherung des Friedens, über unsere Zusammenarbeit bei der Bekämpfung der internationalen Kriminalität und des Drogenhandels, über die Nichtverbreitung von Massenvernichtungswaffen und über die Überwindung von Konflikten auf dem Verhandlungswege.

Europa beansprucht kein Mitspracherecht in Asien, und das vergleichsweise kleine Deutschland schon überhaupt nicht. Doch in unserer kleiner werdenden Welt mit ihren ständig wachsenden globalen Verflechtungen strahlen Konflikte in scheinbar fernen Regionen der Erde auf andere Staaten aus. Daher sehen wir es mit Sorge, wenn Konflikte auf einem Kontinent oder Subkontinent die regionale Stabilität gefährden, sei es in Afrika, Lateinamerika, Asien oder vor unserer Haustür, in Europa.

Im politischen Bereich ist unsere Zusammenarbeit mit Asien längst ein unerläßlicher Bestandteil unserer globalen Politik der Friedenssicherung. Bei der Lösung von Konflikten gewinnen die Staaten Asiens wegen ihres weltpolitischen Gewichts zunehmende Bedeutung. Das gilt nicht zuletzt bei den Aufgaben im Rahmen der Vereinten Nationen. Lassen Sie mich an dieser Stelle Pakistan für seinen vorbildlichen Beitrag zu den friedenserhaltenden Maßnahmen der Weltorganisation Anerkennung ausdrücken!

Auch die deutsche Wirtschaft hat sich auf die neue Lage längst eingestellt. Die Gründung des Asien-Pazifik-Ausschusses der deutschen Wirtschaft Ende 1993, in dem zahlreiche führende Persönlichkeiten der deutschen Wirtschaft engagiert sind, zeigt die große Aufmerksamkeit, die diese Wachstumsregion auf sich lenkt.

Der asiatisch-pazifische Raum, in dem Pakistan ein wichtiges Teilstück bildet, tritt mit enormen Zukunftschancen in das 21. Jahrhundert. Fast 60 Prozent der Weltbevölkerung leben in Asien. Hier sind bereits heute große Märkte vorhanden und wahrlich riesenhafte Märkte im Entstehen. Mit einem für die überschaubare Zukunft erwarteten Wirtschaftswachstum von jährlich 7 bis 8 Prozent ist Asien, ich wies zuvor bereits darauf hin, die dynamischste Region weltweit. Schon jetzt wird über ein Viertel des Weltbruttosozialprodukts in dieser Weltregion erzeugt. In zehn Jahren könnte es bereits ein Drittel sein. Asiens Handel macht heute bereits ein Viertel des Welthandels aus. Der transpazifische Warenaustausch hat den transatlantischen schon seit Jahren im Volumen überholt, mit steigender Tendenz.

Technologisch haben sich asiatische Unternehmen inzwischen internationale Führungspositionen erkämpft. Asiatische Banken und Börsen spielen auf den globalen Finanzmärkten eine wachsende Rolle. Über ein Drittel der Weltdevisenreserven ist bei asiatischen Zentralbanken deponiert.

Die Europäer sollten aus all dem eine Lehre ziehen. Asiens Erstarken sollte als Chance und Bereicherung und nicht nur als Herausforderung begriffen werden. An Asien vorbeiplanen bedeutet inzwischen: an der Zukunft vorbeiplanen. Was mich besonders interessiert und wo ich während meines Besuches von Ihnen zu lernen hoffe, ist die Frage, welche Rolle Pakistan nun innerhalb dieser Wachstumsregion spielt.

Auf den ersten Blick liegen die Wachstumsraten in den Ländern des Subkontinents niedriger als die der »Wirtschaftslokomotiven« in den ASEAN-Ländern oder einigen großen ostasiatischen Volkswirtschaften. Gerade die Länder des Subkontinents besitzen aber die Chance, ihr Potential an menschlichen und natürlichen Ressourcen in enger, friedlicher Zusammenarbeit weiterzuentwickeln. In der südasiatischen Gemeinschaft für regionale Zusammenarbeit – SAARC – hat sich Pakistan, zusammen mit seinen Nachbarländern, hierfür den geeigneten Rahmen geschaffen. Mit 1,3 Milliarden Menschen, also einem Viertel der Gesamtweltbevölkerung, zählt sie zu den größten Regionalorganisationen der Erde. Ihr Land kann besondere Genugtuung darüber empfinden, daß eine der ersten wichtigen SAARC-Institutionen, nämlich die Handelskammer, nach Karachi vergeben wurde.

Deutschland hat die Gründung und den Aufbau dieser Regionalorganisation mit lebhafter politischer Unterstützung begleitet und den Dialog der Europäischen Union mit SAARC – wie zuvor bereits mit ASEAN und anderen Regionalorganisationen – initiiert. Ich freue mich, daß es 1993 zu einem ersten Kontakt zwischen der Kommission der Europäischen Union und einer SAARC-Delegation gekommen ist. 1994 hat Bundesaußenminister Kinkel in New York in seiner damaligen Eigenschaft als Ratsvorsitzender den politischen Dialog mit dem Ratsvorsitzenden von SAARC auch formell eröffnet und ihm eine Intensivierung und Vertiefung der partnerschaftlichen politischen Kooperation angeboten. Ich wünschte, dieses Angebot würde aufgegriffen und weiter verfolgt. Vielleicht böte der bevorstehende SAARC-Gipfel in Neu Delhi eine Gelegenheit, dazu Stellung zu nehmen.

Vermutlich sind die Möglichkeiten und Chancen dieser Regionalorganisation für den Subkontinent bei weitem noch nicht ausgeschöpft. Ich meine das nicht nur im wirtschaftlichen, sondern auch – und ganz speziell – im politischen Sinne. Als ein Freund Pakistans und der Region insgesamt möchte ich Sie ermutigen, den institutionellen Rahmen, den SAARC bietet, noch stärker für die Ziele einer regionalen Stabilisierung und Konfliktbewältigung zu nutzen. Die jüngere Geschichte Europas belegt, wie Länder, die sich teilweise vor einem halben Jahrhundert noch als sogenannte »Erbfeinde« gegenüberstanden, über gemeinsame Wirtschafts- und Handelspolitiken und kontinuierlichen Dialog zu einem Verhältnis des Vertrauens, zu einer funktionierenden Kooperation und gar zur Freundschaft gefunden haben.

Diese Perspektive mag Ihnen heute noch, auf den Subkontinent bezogen, als ein schwer erreichbares Ziel erscheinen. Aber die Gründungsväter der Europäischen Gemeinschaft konnten sich – nach vielen Jahren der Kriegsgreuel und des Hasses in Europa – sicherlich auch nicht vorstellen, wie sich die Zusammenarbeit der Mitgliedstaaten konkret gestalten würde. Sie hatten aber eine Vision, und aus heutiger Sicht kann man sagen, eine segensreiche Vision. Daher sollten auch die SAARC-Staaten nichts unversucht lassen, um zu Formen der politischen Kooperation zu finden, die es ermöglichen, bestehende Streitfragen zwischen den Mitgliedstaaten friedlich zu regeln.

Der wohl wichtigste Konflikt, der die politische, aber auch wirtschaftliche und gesellschaftliche Entwicklung des gesamten Subkontinents seit fast einem halben Jahrhundert belastet und lähmt, ist die Kaschmirfrage. Sie spielt natürlich auch bei meinen hiesigen Gesprächen eine wichtige Rolle. Deutschland – und dies gilt auch für die Europäische Union als Ganzes – unterhält traditionell freundschaftliche Beziehungen sowohl zu Pakistan als auch zu Indien. Die Bundesregierung befleißigt sich beim Dialog mit der pakistanischen Regierung derselben Sprache und Argumente wie beim Dialog mit der indischen Regierung. Uns liegt sehr daran, daß es in diesem freundschaftlichen Beziehungsgeflecht keine Diskriminierung des einen gegenüber dem anderen gibt.

Die Europäische Union verfolgt die Kaschmirfrage mit großer Sorge. Sie hat beiden Parteien wiederholt empfohlen, ihren Konflikt auf dem Wege bilateraler Verhandlungen zu überwinden oder zumindest erste pragmatische Schritte zur Eingrenzung des Konfliktfeldes zu unternehmen. Diese Empfehlung möchte ich mit großem Ernst bekräftigen. Ein wichtiger erster Schritt wäre getan, wenn beide Regierungen sich entschließen könnten, den Dialog möglichst bald wieder aufzunehmen.

Deutschland verschließt nicht die Augen vor den Menschenrechtsverletzungen, die täglich aus Kaschmir gemeldet werden. Die Europäische Union hat wiederholt den Schutz der Menschenrechte angemahnt. Diese Mahnung richtet sich an alle Beteiligten. Ich begrüße ganz ausdrücklich die Versicherung der pakistanischen Regierung, daß sie in diesem Konflikt keine logistische und materielle Hilfe leistet.

Ich bin der festen Überzeugung, daß der Kaschmirkonflikt nicht militärisch, sondern nur politisch im Einvernehmen mit allen Beteiligten gelöst werden kann und sollte. Eine aufgezwungene Lösung hätte auf Dauer keinen Bestand. Sie würde nur zu neuen Spannungen führen.

Als eine jahrzehntelang geteilte Nation messen wir Deutschen dem Recht auf Selbstbestimmung eine besonders große Bedeutung bei. Wir selbst haben es in unserer Nachkriegsgeschichte immer wieder, und stets auf friedlichem Wege, eingefordert. Unsere Erfahrung zeigt: Das Recht auf Selbstbestimmung – wenn es Bestand haben soll – sollte nicht gewaltsam durchgesetzt werden. Vielmehr muß es im Rahmen einer dauerhaften Friedensordnung verwirklicht werden. Eine solche Ordnung fällt einem nicht in den Schoß. Sie mag ihre Entstehung einer Veränderung der politischen Großwetterlage verdanken, wir haben dies alle miterlebt. Vor allem aber muß sie mühsam erarbeitet werden: durch Schaffung von Vertrauen, Absicherung nach allen Seiten, Kompromißbereitschaft und viel guten Willen. Auch das läßt sich an der jüngsten Geschichte meines Landes nachvollziehen.

In zwei Wochen wird in New York die Konferenz zur Überprüfung und Verlängerung des Nichtverbreitungsvertrages eröffnet. Deutschland und die Europäische Union messen dieser Konferenz große Bedeutung bei. Die Bundesregierung und ihre Partner treten für die unbefristete und unkonditionierte Verlängerung des Vertrages ein. Wir sehen in seiner strikten Einhaltung das entscheidende Instrument, um ein atomares Wettrüsten zu verhindern und die Menschheit vor der nuklearen Selbstvernichtung zu bewahren.

Daher ist es nur konsequent, daß wir an alle Staaten der Welt appellieren, dem Nichtverbreitungsvertrag beizutreten. Daß gerade die beiden wichtigsten Staaten, des Subkontinents dem Vertrag bisher fernstehen und als Nichtmitglieder auch an der Konferenz in New York nicht teilnehmen werden, stimmt uns nicht gerade hoffnungsfroh. Ich kenne die Argumente und Sorgen, die aus pakistanischer Sicht dem Beitritt Ihres Landes zum Nichtverbreitungsvertrag entgegenstehen. Aber ich möchte Sie ermutigen – und dasselbe sagen wir auch der indischen Regierung –, sich Ihrer großen Verantwortung für die Stabilität nicht nur der Region, sondern auch weltweit, bewußt zu sein und dem Vertrag beizutreten.

Zu den Werten, die wir teilen, gehört die Freiheit des religiösen Bekenntnisses, das unbedroht von strafrechtlicher Verfolgung ausgeübt werden sollte. Der große Gründungsvater Pakistans, Jinnah, genießt bei uns in Deutschland auch deswegen einen legendären Ruf, weil er unermüdlich für religiöse Toleranz eingetreten ist. Die Gründung Pakistans ist ja, wenn ich das richtig sehe, eine Konsequenz des Strebens nach politischer und religiöser Selbstverwirklichung gewesen. Daß Ihre Regierung, wie der pakistanische Außenminister Mitte Februar in Genf bekräftigte, beabsichtigt, wichtigen internationalen Abkommen zum Schutz der Menschen- und Bürgerrechte beizutreten und der mißbräuchlichen Anwendung des sogenannten Blasphemie-Paragraphen durch geeignete gesetzgeberische Maßnahmen ein Ende zu setzen, erfüllt mich daher mit besonderer Genugtuung.

Im übrigen ist die Verpflichtung zur Achtung der Menschenrechte auch uns Deutschen auferlegt, und auch wir müssen uns kritische Blicke anderer Staaten gefallen lassen. Sie wissen so gut wie ich, daß wir in Deutschland mit großen Problemen zu kämpfen hatten. Damit meine ich die Ausbrüche von Fremdenfeindlichkeit, die es bei uns gegeben hat, die aber einer kleinen Gruppe Unbelehrbarer zuzuschreiben sind. Diese Gewalttäter werden vor Gericht gestellt und spüren die ganze Härte unserer Strafgesetze.

Die Anschläge gegen Ausländer sind zwar auch im Ausland, aber zunächst und anhaltend bei der deutschen Bevölkerung selbst auf energischen Protest und Abscheu gestoßen. Ein friedliches Zusammenleben der Völker läßt sich nur dann glaubhaft nach außen vertreten, wenn es auch nach innen praktiziert wird. Lassen Sie mich hier bekräftigen, daß wir in Deutschland eine Atmosphäre erhalten wollen, in der jedermann gern und frei von Belästigungen und Ressentiments lebt. Deutschland ist ein weltoffenes Land und wird es bleiben.

Ich teile nicht die Ansicht Samuel Huntingtons, daß der Zusammenstoß der Zivilisationen unausweichlich ist und die politische Zukunft unseres Planeten bestimmt. Nichts wäre verhängnisvoller, als wenn sich die Nationen des Westens und des Ostens auf eine vermeintliche Konfrontation zwischen Islam und Christentum einrichteten. Schon die Propagierung derartiger Ideen halte ich für schädlich und für vollkommen unangebracht.

Die großen Denker bei Ihnen und uns haben immer wieder auf das Verbindende zwischen Orient und Okzident hingewiesen. Ich erinnere nur an das, was Mohammed Iqbal zum Wechselverhältnis westlicher Werte und Islam sagte: »Das bemerkenswerteste Phänomen der modernen Geschichte ist die enorme Schnelligkeit, mit der sich die Welt des Islam in Geistesfragen dem Westen nähert. In dieser Entwicklung ist nichts Falsches, denn die europäische Kultur ist auf intellektuellem Gebiet nur eine Weiterentwicklung einiger der wichtigsten Phasen der islamischen Kultur.«

Vergessen wir nicht: Der Gründer des modernen Pakistan, Jinnah, hat bekräftigt, daß zwischen Islam und Demokratie kein Gegensatz besteht. Als die Prinzipien islamischer Demokratie nannte er schon vor fünfzig Jahren: die Gleichheit aller Menschen, Gerechtigkeit und »fair play« gegenüber jedermann.

Diese Wertvorstellungen haben seither nichts an Aktualität eingebüßt. Die Konstruktion von Gegensätzen ist daher willkürlich, verfolgt oft ganz bestimmte Absichten und ist häufig sogar bösartig. Nicht der Kampf der Kulturen oder Zivilisationen ist angesagt, sondern die Entwicklung einer auf Konsens und gegenseitigem Vertrauen aufgebauten gemeinsamen Zivilisation.

Der uns allen auferlegte Zwang, die großen Herausforderungen der Menschheit in der Zukunft gemeinsam zu bestehen, läßt keinen Spielraum für ein Auseinanderdriften. Globale Probleme erfordern globale Lösungen und daher auch ein enges, vertrauensvolles Zusammenwirken aller Bürger dieser Erde.

Herr Vorsitzender, meine Damen und Herren, lassen Sie mich abschließend bekräftigen, daß mein Besuch in Ihrem Land der Erneuerung und Stärkung der traditionellen deutsch-pakistanischen Freundschaft gilt, einer Freundschaft, die auf gegenseitigem Respekt, auf jahrhundertealtem kulturellen Austausch, auf dem Fundament starker beiderseitiger Wirtschaftsinteressen und enger wirtschaftlicher Zusammenarbeit beruht.

Möge meine heutige Begegnung mit Ihnen – und dies

sage ich auch vor allem in Richtung auf die Studenten unter den Zuhörern – als Initialzündung eines dauerhaften Dialogs verstanden werden, eines Dialogs zwischen Freunden und gleichen Partnern, zwischen zwei Völkern, die auch künftig bei der Bewältigung gemeinsamer Aufgaben eng zusammenwirken sollten.

16. Aristoteles und Konfuzius

Ansprache anläßlich eines Abendessens,
gegeben zu Ehren des Präsidenten
der Volksrepublik China, Jiang Zemin, am 13. Juli 1995
auf Schloß Augustusburg in Brühl

Der erste Besuch eines chinesischen Staatsoberhauptes in Deutschland ist ein wahrhaft historisches Ereignis in der Geschichte der Beziehungen unserer Länder.

Mit Ihrem Besuch in Europa erwidern Sie ein europäisches Interesse an China, das genau 700 Jahre alt ist. Nachdem Marco Polo 1295 von seiner Reise in das Reich der Mitte zurückkehrte, wurde China für Europa ein Attraktionspol kultureller Faszination, wissenschaftlicher Entdeckungslust und wirtschaftlicher Interessen. Es gibt in der Geschichte der Menschheit kaum ein eindrucksvolleres und länger währendes Beispiel einer solchen Anziehungskraft zwischen Kulturen.

Dieses Interesse ist nicht überraschend, wenn man bedenkt, daß Europäer und Chinesen nicht erst vor 700 Jahren, sondern bereits vor 2500 Jahren – unabhängig voneinander, aber annähernd zur gleichen Zeit – begannen, sich die gleichen Fragen zu stellen. Man vergißt zu oft, daß Konfuzius und Sokrates im gleichen Jahrhundert lebten. Sie wußten zwar nichts voneinander, aber es ging ihnen um die gleiche Humanität, die gleiche Vernunft, die gleiche Suche nach Erkenntnis, die gleichen Unterscheidungen zwischen Gut und Böse, die gleiche Überwindung von Unrecht und Gewalt.

In diesen Tagen ist es Mode geworden, vom Kampf der Zivilisationen als nächstem großen Konflikt nach dem Ende des kalten Krieges zu sprechen. Ich bin der Auffassung, daß alle politisch Verantwortlichen gemeinsam dafür Sorge tragen sollten, daß dieses Szenario nicht zur sich selbst erfüllenden Prophezeiung wird. Ich habe deswegen im Januar in Davos an die »goldene Regel« erinnert, die man bei Konfuzius ebenso wie in der Bibel, im Buddhismus und Hinduismus findet: »Was Du nicht willst, daß man Dir tu, das füg auch keinem andern zu.« Ich war höchst erfreut zu hören, daß der Außenminister der Volksrepublik China im Mai auf einer Konferenz in Peking die gleiche Regel zitierte.

Aristoteles differenzierte ebenso wie Konfuzius zwischen Recht und Ethik. In der westlichen Tradition gewannen dann das Recht und mit ihm die bürgerlichen Freiheiten größeres Gewicht, in der konfuzianischen die Ethik und mit ihr die bürgerlichen Pflichten. Aus meiner eigenen beruflichen Erfahrung kann ich unseren beiden Kulturen nur wünschen, daß sie sich – bei aller Unterschiedlichkeit ihrer Lebensformen – auf die Mitte dieser Balance zubewegen. Aristoteles und Konfuzius selbst würden uns das, wenn sie heute lebten, nachdrücklich raten. Denn beide waren Verfechter der »richtigen Mitte« bei der Lösung menschlicher und politischer Probleme.

Genau besehen wissen wir nicht wenig voneinander. Schon seit Jahrzehnten gibt es in China und in Deutschland eine akademische Forschung und Lehre über das jeweils andere Land. An deutschen Universitäten wird

Chinesisch, an chinesischen Universitäten Deutsch gelehrt.

Der Austausch von Studenten und Wissenschaftlern zwischen unseren Ländern zählt inzwischen nach vielen Tausenden. Die modernen Kommunikationsmittel tragen in Sekunden umfangreiche Informationen in beide Richtungen, in den Zeitungen lesen wir regelmäßig übereinander. Flugzeuge befördern Tag für Tag Hunderte von Geschäftsleuten und Touristen von China nach Deutschland und umgekehrt. Wir kommen uns näher, wir lernen immer mehr voneinander.

So wissen wir auch, daß sich unsere Vorstellungen in einer für Sie und uns zentralen Frage noch deutlich unterscheiden. Ich spreche von dem Verhältnis zwischen dem Individuum auf der einen und der Gesellschaft, dem Staat, auf der anderen Seite. Hier ist – das wird niemand bestreiten – Raum für ernsthafte Gespräche: Wie weit geht das Recht des einzelnen gegenüber der Gesellschaft, das der Gesellschaft gegenüber dem einzelnen? Welche Mittel gestehen wir beiden Seiten zu, diese Rechte durchzusetzen und zu verteidigen? Wie sind diese Rechte verbürgt?

Der Dialog über diese Fragen ist in Gang gekommen. Er kann, wie gesagt, auf beiden Seiten an bewährte Traditionen anknüpfen. Unser gemeinsames Ziel ist ein vom gesellschaftlichen Konsens getragenes Miteinander der Individualrechte und der Rechte der Gesellschaft. Die Gewichtung der beiden wird nicht in allen Ländern der Welt gleich sein können. Doch darf sie weder Leid für den einzelnen noch Gefahr für die Stabilität der Gesellschaft bringen. Unsere deutsche Erfahrung der vergangenen Jahrzehnte hat uns jedenfalls gezeigt: Gesellschaftliche Stabilität ist am besten gewährleistet, wenn die Teilnahme eines jeden einzelnen Bürgers an den staatlichen Entscheidungen sowie seine persönlichen Freiheiten gesetzlich geregelt und tatsächlich durchsetzbar sind.

Wir bewundern, wie entschlossen und erfolgreich das chinesische Volk seit gut eineinhalb Jahrzehnten die Reform- und Öffnungspolitik seiner Regierung zur Verbesserung seiner Lebensbedingungen nutzt. Es ist eine bedeutende Leistung, wenn sich über ein Fünftel der Menschheit von nur sieben Prozent der landwirtschaftlichen Anbaufläche dieser Erde ernährt, wenn dieses Volk gleichzeitig bedeutende industrielle und technische Fortschritte macht und in nur zehn Jahren sein Pro-Kopf-Einkommen verdreifacht.

Wir gehen davon aus, daß China diesen Weg konsequent weiter verfolgt. Die deutsche Regierung ist deshalb seit Jahren bestrebt, diese Entwicklung zu unterstützen, und zwar durch finanzielle Zusammenarbeit, durch technische Hilfe und durch Entsendung von Fachleuten. Dieser Beitrag zielt auf dauerhaften gegenseitigen Nutzen, wie das Beispiel der 1994 von den beiden Regierungschefs vereinbarten Kooperation bei der Berufsausbildung in China zeigt.

Ihr Land hat im Asienkonzept der Bundesregierung und in der Asienperspektive der deutschen Wirtschaft eine zentrale Stellung. Wir wünschen uns eine stetige, zukunftsorientierte Zusammenarbeit mit Ihnen. Unsere Industrie hat erkannt, daß China nach der Bevölkerungszahl der größte potentielle Markt der Welt ist. Die deutschen Unternehmen wollen ihre Präsenz langfristig durch Investitionen absichern und damit zugleich zur

Entwicklung der chinesischen Wirtschaft beitragen. Sie sind bereit, modernste Technik nach China zu bringen und ihre Kenntnisse mit den chinesischen Partnern zum beiderseitigen Nutzen auszutauschen. Ich denke, das hat auch Ihr heutiges Treffen mit den Mitgliedern des Asien-Pazifik-Ausschusses der Deutschen Wirtschaft deutlich gemacht.

Wir hoffen deshalb, daß China sich bald auch auf dem Dienstleistungssektor ganz für ausländische Unternehmen öffnet. China selbst würde erheblichen Nutzen daraus ziehen. Wir möchten Sie auch bitten, uns zu helfen, den mittleren und kleineren Unternehmen aus Deutschland den Weg nach China zu ebnen. Sie sind der tragende Pfeiler der deutschen Wirtschaft und ein wesentliches Element ihrer technologischen Dynamik.

Die Beziehungen Deutschlands zu seinen Nachbarn sind durch mannigfache regionale und überregionale Vereinbarungen geprägt. Am breitesten und tiefsten binden wir uns, wie Sie wissen, in der Europäischen Union. Sie regelt nicht nur das Zusammenleben und die Zusammenarbeit ihrer 15 Mitgliedstaaten, sie vertritt auch wirksam deren gemeinsame Interessen nach außen.

Auf die Europäische Union übertragen wir auch solche Entscheidungen, die traditionellerweise dem souveränen Staat vorbehalten sind. Dabei lernen wir: Wenn wir unsere Interessen im Kompromiß mit denen unserer Partner vereinen, sind wir oft erfolgreicher, als wenn wir diese Interessen allein durchzusetzen versuchen.

Wir begrüßen es, daß auch China mit seinen Nachbarn das Gespräch über mögliche Formen der regionalen Zusammenarbeit aufgenommen hat, und möchten es auf diesem Wege ermutigen. Dieser Weg führt nicht nur zu Handelsvorteilen, sondern auch zu einer besseren Nutzung der regionalen Ressourcen und der menschlichen Fähigkeiten. Vor allem aber schafft Zusammenarbeit Vertrauen und damit auch Stabilität in der Region.

Manche Aufgaben sind heute ohnehin nicht mehr im nationalen Alleingang zu bewältigen. Selbst die regionale Zusammenarbeit greift bei vielen Problemen zu kurz und muß in eine globale Kooperation einmünden. Probleme aber, die die ganze Menschheit bedrohen, die an Grenzen und Küsten nicht haltmachen, verlangen die gemeinsame Anstrengung aller Mitglieder der Staatengemeinschaft. Das wichtigste, oft das einzige Forum für die Koordination dieser Anstrengungen sind die Vereinten Nationen. Wie China ist deshalb auch Deutschland an der Reform und Stärkung dieser Organisation interessiert. Beides ist notwendig für die Bewältigung drängender globaler Aufgaben. Ich erinnere an den internationalen Umweltschutz, an die Nichtverbreitung von Massenvernichtungswaffen, an die Bekämpfung von Hunger und Armut und an die Eindämmung der internationalen Kriminalität.

Zwischen unseren beiden Ländern gibt es keine bilateralen politischen Probleme, aber einen lebhaften politischen Dialog. Den wollen wir intensivieren, denn wir tragen gemeinsam Verantwortung bei großen weltweiten Aufgaben. Herr Präsident, mit Ihrem historischen Besuch in Deutschland stärken Sie zum richtigen Zeitpunkt unseren Dialog wie auch unsere Zusammenarbeit zum Wohle der Menschen in unseren beiden Ländern und machen so unsere traditionell guten Beziehungen enger, fruchtbarer und sichtbarer.

17. Wider den globalen Kulturkampf

Laudatio anläßlich der Verleihung des Friedenspreises des deutschen Buchhandels an Annemarie Schimmel am 15. Oktober 1995 in Frankfurt

Daß die diesjährige Verleihung des Friedenspreises des deutschen Buchhandels von heftigen Kontroversen begleitet wird, bedarf keiner besonderen Betonung; es ist vor aller Augen.

Aber schon der Verlauf der Diskussion, die es dieserhalb gegeben hat, stimmt mich hoffnungsvoll. Nach einem Anfang, der wahrlich kein Ruhmesblatt war, hat sich eine Debatte entwickelt, die in mehr als einer Beziehung zur Vertiefung des Verständnisses beigetragen hat. Sie hat, wenn ich recht sehe, die sonst üblichen Frontverläufe überwunden. Sie hat uns – sowohl unter den Befürwortern als auch unter den Gegnern der heutigen Preisträgerin – ins Gedächtnis gerufen, daß political correctness keine legitime Schranke der verfassungsrechtlich verbürgten Meinungsfreiheit sein kann. Sie hat Gelehrte aus ihren Studierstuben getrieben und zu öffentlicher Stellungnahme veranlaßt. Sie hat schon heute zu der Erkenntnis geführt, daß eine vertiefte und differenzierende Beschäftigung mit dem Islam für uns aus außen- wie aus innenpolitischen Gründen lebensnotwendig ist. Und sie hat schließlich auch schon die ersten Früchte der Wissensvermittlung getragen; wer von uns hätte vor dem Streit um Annemarie Schimmel wirklich sagen können, was Sufismus ist oder – noch wichtiger – nach welchen Gesichtspunkten man eine Fatwa zu beurteilen hat?

Der Friedenspreis des deutschen Buchhandels steht in der Tradition der Aufklärung und er dient, wie schon sein Name sagt, dem Frieden – dem Frieden zwischen den Menschen, zwischen den Völkern und gewiß auch zwischen den großen Kreisen kultureller und geistiger Tradition, die es auf dieser Welt stets gegeben hat, die in letzter Zeit jedoch in erstaunlicher, ja dramatischer Weise neue Konturen und neues Selbstbewußtsein gewonnen haben.

Daß der Islam für uns eine aktuelle Herausforderung ist, merken wir schon in unserer Nachbarschaft. Und das Judentum begleitet uns seit einem vollen Jahrtausend, im Guten wie im Bösen. Aber daneben gibt es auch andere Religionen und Kulturen, die in hunderten Millionen Köpfen und Herzen wirksam sind und sich ebenfalls auf sich besinnen: den Buddhismus, den Hinduismus und den Konfuzianismus, um nur die größten zu nennen.

Es mag ja sein, daß die Gemeinsamkeiten aus Naturwissenschaft, Technik und globaler Information, aus weltweiter wirtschaftlicher Verflechtung und vielleicht sogar aus neu entstehenden Sicherheitsstrukturen uns davor bewahren, daß jene leichtfertigen Prophezeiungen sich erfüllen, die heute schon einen »clash of civilizations« voraussagen, einen globalen Kulturkampf. Aber ein friedliches, menschenwürdiges Miteinander verlangt mehr.

Es verlangt erstens ein leidenschaftliches Bemühen darum, daß die Grenzen zwischen den Kulturen nicht auf

Dauer zugleich Grenzen zwischen Armut und Reichtum bleiben oder werden; deshalb plädiere ich, wo immer es geht, für freie Märkte, für wirtschaftliche Zusammenarbeit und – im Interesse der Ärmsten – für Entwicklungshilfe. Und es verlangt zweitens das nicht erlahmende Bemühen, Gemeinsamkeiten, die vorhanden, aber verschüttet sind, ans Tageslicht zu fördern und zu stärken, und für Ideen, die nach aller Erfahrung Frieden stiften, zu werben und – wo nötig – auch zu kämpfen.

Sie verstehen gewiß, was ich mit den letzten Worten meine: Ich spreche vom Kampf, aber auch vom unermüdlichen und unverdrossenen Werben für die Menschenrechte, auf die sich die Weltgemeinschaft ja schließlich einmal verständigt hat. Vergessen wir dabei nicht, daß sich diese Rechte auch bei uns erst verhältnismäßig spät, in mühsamen kleinen Schritten und mit immer wieder neuen, entsetzlichen Rückfällen entwickelt haben. Zwischen Anspruch und Wirklichkeit gibt es auch bei uns noch eine erhebliche Kluft – ich erinnere nur an die Rechte der Frauen. Dennoch: Die Menschenrechte sind aber nach unserem heutigen Wissen die überzeugendste Idee, die Frieden zwischen Menschen, Völkern und Staaten und schließlich auch zwischen Kulturen zu schaffen imstande ist.

Nur, alles das setzt voraus, daß die Völker und Kulturen mehr übereinander wissen. Ohne gegenseitiges Wissen gibt es kein gegenseitiges Verständnis, ohne Verständnis gibt es keinen gegenseitigen Respekt und kein Vertrauen, und ohne Vertrauen gibt es keinen Frieden, sondern wirklich nur die Gefahr des Zusammenpralls.

Unendlich viele, zum Teil höchst verschiedene Leistungen sind also nötig, wenn Frieden werden und vor allem bewahrt werden soll. Und jede ist preiswürdig, wenn sie nur groß genug ist. Manche haben gesagt: Wir schätzen ja Frau Schimmel als Wissenschaftlerin, aber warum soll eine wissenschaftliche Beschäftigung mit Literatur, mit alten Schriften, einen Friedenspreis verdient haben? Ich sage dazu: In der dunkelsten Zeit der deutschen Geschichte waren es nicht zuletzt englische, amerikanische und russische Literaturwissenschaftler und Germanisten, die auf ihre Weise ein anderes, und wie wir heute sagen würden, gültigeres Verständnis von deutscher Kultur weitergegeben haben, als das offizielle Deutschland es damals präsentiert hat. Nicht zuletzt diese entsagungsvolle Arbeit – damals sicher auch »unpolitisch« – war es, die ihren spezifischen Beitrag geleistet hat zum späteren Frieden und zur Versöhnung. Niemand, der damals in Oxford oder Harvard Verse aus »Don Carlos« oder »Egmont« interpretiert hat, hat damit den deutschen Totalitarismus legitimiert. Gerade die Tatsache, daß es hier um den Friedenspreis des Deutschen Buchhandels geht, sollte uns auch die friedens- und versöhnungsstiftende Arbeit schätzen lassen, die in der Beschäftigung mit Literatur und Geistesleben bestehen kann.

In unserem Verhältnis zum Islam erweist sich das gegenwärtig sehr deutlich. Man wird der deutschen Öffentlichkeit wohl kaum Unrecht tun, wenn man behauptet, daß zu viele bei der Nennung des Wortes »Islam« vor allem Begriffe wie »inhumanes Strafrecht«, »religiöse Intoleranz«, »Unterdrückung der Frau« und »aggressiver Fundamentalismus« assoziieren. Aber das ist eine Verengung, die wir korrigieren müssen. Erinnern wir uns nur einmal daran, daß es vor sechs- oder siebenhundert Jahren eine große islamische Aufklärung gegeben hat, die dem Westen beträchtliche Teile des antiken Wissens erhalten hat und die sich ihrerseits einem abendländischen Denken konfrontiert sah, das sie als ziemlich fundamentalistisch und intolerant empfunden haben muß.

Anderes kommt hinzu: etwa die von Annemarie Schimmel so sehr betonte Existenz sufistischer Geistesströmungen im islamischen Denken, die dieses viel differenzierter erscheinen lassen als die altbekannte Unterscheidung zwischen Sunna und Schia. Und endlich sollten wir zur Kenntnis nehmen, daß die islamische Welt – ganz ähnlich wie die unsere – kein monolithischer Block und schon gar kein fundamentalistischer Block ist. So ist zum Beispiel der indonesische Islam etwas ganz anderes als der iranische Islam, und immerhin ist Indonesien heute das größte islamische Land. Haben wir, ein weiteres Beispiel, zur Kenntnis genommen, daß die Staatspräsidenten der sechs turksprachigen Länder, die vor kurzem die gemeinsamen Prinzipien ihrer Politik öffentlich formuliert haben, zu diesen Prinzipien auch den Säkularismus gezählt haben? Verstehen wir – was Frau Schimmel uns immer wieder gezeigt hat –, daß viele Dinge, die wir ebenso wie die meisten Muslime dem Islam zurechnen, jedenfalls nicht im Koran niedergelegt sind?

Man wird immer verschiedener Meinung darüber sein müssen, was das für unsere Einstellung zum Islam bedeutet. Daß es uns aber ein klareres und vor allem gerechteres Bild gibt und daß es ernsthafte Gespräche zwischen den Kulturen erleichtert, das sollte doch niemand bestreiten. Und ich wiederhole: Das wird nicht nur unser Auge für die weltpolitische Bedeutung des Islam schärfen, sondern es ist auch für unser Verhältnis zu den Muslimen entscheidend, die in unserem Land leben.

Wahrscheinlich ist sogar der Begriff »Fundamentalismus«, der uns so leicht über die Lippen geht, so zweideutig, daß er schon wieder irreführend ist.

Wer heute »Fundamentalismus« sagt, der verbindet damit meist – und nicht zu Unrecht – die Vorstellung von Demütigung der Frauen, von unmenschlichen Strafen für Diebe und Ehebrecherinnen, von Anschlägen gegen mißliebige Schriftsteller und Journalisten. In Wahrheit ist das, was wir landläufig als Fundamentalismus bezeichnen, jedoch nichts anderes als die politische Instrumentalisierung religiöser Gefühle, der blanke Griff zur totalitären Macht. Dieser Mißbrauch der Religion droht besonders dort, wo soziale Not und Rechtlosigkeit den Nährboden für die Manipulation der Massen bieten.

Ich wiederhole hier, was ich schon an anderer Stelle gesagt habe: Das sind Erscheinungen, die wir unter gar keinen Umständen akzeptieren können und die wir weder aus außenpolitischen Rücksichtnahmen noch aus einem schwächlichen Werterelativismus tolerieren können. Wenn wir in einen Dialog mit anderen eintreten, bringen wir einige Essentials mit, die nicht verhandelbar sind. Dazu gehört die Freiheit der Rede und dazu gehört vor allem, daß niemand wegen seiner Überzeugung zu Schaden gebracht werden darf. Eine lange, oft blutige und grausame Geschichte hat uns Europäer gelehrt, daß diese Rechte niemals mehr zur Disposition stehen dürfen. Deswegen kann hier niemand Todesdrohungen für ein Buch akzeptieren. Wer diesem Satz nur eine partikuläre, westliche Überzeugung zuschreiben will, die sich zu

Unrecht universale Geltung anmaße, dem sage ich: Einen Dialog gibt es nur, wenn niemand befürchten muß, wegen einer Äußerung gefangen genommen, gefoltert oder ermordet zu werden. Diese Spielregel ist weder westlich noch östlich noch sonst irgendwie geographisch relativierbar. Sie ist die begriffliche Grundvoraussetzung für ein Gespräch überhaupt.

Und damit niemand denkt, ich meine das nur abstrakt und allgemein, will ich es ganz konkret sagen: Wer immer Salman Rushdie oder wen auch immer wegen eines literarischen Textes mit dem Tode bedroht, der muß in uns einen unnachgiebigen Gegner sehen. Wer mit Tod und Folter bedroht wird, dem stehen wir zur Seite. Deshalb fordere ich von hier aus die Männer, die für die Morddrohungen gegen Schriftsteller wie Salman Rushdie verantwortlich sind, zu einer ehrlichen, verläßlichen Rücknahme dieser Drohungen auf, vor allem aber zur Aufhebung des unseligen Kopfgeldversprechens.

Klar muß aber ebenso sein, daß unter uns auch der Hinweis auf die Erschütterung vieler frommer Muslime über etwas, was sie als Gotteslästerung empfinden, nicht verboten sein kann.

Hier liegt genau der Grund für meine Vermutung, daß wir unter uns, wenn wir von Fundamentalismus sprechen, nicht entfernt darüber einig sind, was wir damit meinen. Geht es nur um die Übergriffe, die ich vorher mit Beispielen umschrieben habe, die nach unserer eigenen geschichtlichen Erfahrung kommune Menschenrechtsverletzungen sind und die wir daher – ganz einfach und ohne jede weitere Diskussion – als schwerkriminelles Unrecht bezeichnen und behandeln müssen, geht es nur um diese Übergriffe, so ist die Sache verhältnismäßig einfach, und es bleibt »lediglich« die Frage, welche Folgerungen wir daraus für unser außenpolitisches Verhalten zu ziehen haben. Protest, politische Sanktionen oder geduldiges aber unmißverständliches Werben für unsere Standpunkte? Und ich finde, jeder dieser Wege hat seine Berechtigung. Wir müssen aber stets prüfen, welcher von ihnen in einer konkreten Situation am weitesten führt.

Es gibt hier aber möglicherweise noch eine tiefere Schicht des Empfindens. Ich habe schon von der islamischen Aufklärung gesprochen, die in unserem christlichen Kulturkreis wahrscheinlich auf Gegenpositionen gestoßen ist, die wir heute selbst als – christlichen – Fundamentalismus bezeichnen würden. Ist es nicht denkbar, daß sich die Fronten seither verkehrt haben? Daß wir uns mit dem Islam so schwer tun, weil er oft auf einer tiefen Volksfrömmigkeit beruht, während wir selbst in einer weitgehend säkularisierten Welt leben? Und wie leben wir dann, wenn ich recht haben sollte, mit diesem Dissens? Wollen wir fromme Muslime allen Ernstes mit den gewalttätigen Fundamentalisten identifizieren, nur weil wir selbst für die Verspottung religiöser Gefühle anderer kein rechtes Gefühl mehr haben oder zumindest kein rechtes Gefühl mehr zeigen?

Von Werterelativismus unsererseits halte ich in diesem Zusammenhang gar nichts. Pluralität und Toleranz sind gewiß wichtige Dinge, auf die ich unter keinen Umständen verzichten möchte. Wenn sie aber funktionieren sollen, müssen sie realistisch und ehrlich sein, und das heißt: man muß einerseits die Positionen des anderen kennen und verstehen und man muß andererseits einen eigenen Standpunkt haben, um den des anderen überhaupt tolerieren zu können. Werterelativismus allein führt zur Standpunktlosigkeit und nicht zur Toleranz.

Für uns, ich wiederhole es, sind die Menschenrechte unverzichtbar: die Würde des einzelnen Menschen, die Unverletzlichkeit des menschlichen Lebens, das Verbot von Folter und körperlichen Strafen, die persönliche Freiheit, die Gleichberechtigung von Mann und Frau, die Freiheit des Denkens, der Religion und der weltanschaulichen Überzeugung; ich will die Reihe hier nicht vollständig aufzählen. Hier können wir unsere Überzeugungen, die aus schlimmen geschichtlichen Erfahrungen gewonnen und gefestigt sind, nicht um ein Jota relativieren.

Aber: Jede weltweite Debatte über die Menschenrechte zeigt zugleich, daß wir im Diskurs zwischen den Kulturen mit Bekenntnis und Protest allein nicht auskommen werden.

Eine jahrzehntelange Erfahrung sagt mir, daß wir beim Werben für unsere Standpunkte viel weiter gehen müssen als nur zu Bekenntnis und Protest, und hier ist wieder die Kenntnis, das Wissen über unsere Gesprächspartner gefragt.

In allen Ideensystemen, die uns auf dieser Welt begegnen, gibt es Gedanken und Grundsätze, die miteinander übereinstimmen oder zumindest miteinander verwandt sind – auch wenn ihre innersten Begründungen vielleicht weit voneinander abweichen. Es ist nicht besonders originell, hier immer gleich die »goldene Regel« zu erwähnen, die wir mit einem deutschen Sprichwort so umschreiben: »Was du nicht willst, das man dir tu, das füg auch keinem andern zu!«, und die es in allen Kulturen der Welt gibt. Aber wenn es gelänge, diese goldene Regel nur halbwegs zur Maxime praktischer Politik zu machen – was wäre schon das für ein Ansatz für internationalen Frieden und nicht minder für die Rechte des Individuums! Und das ist nicht der einzige Ansatz, von dem man hier ausgehen könnte. Ein Symposium, das vor einigen Wochen mit Wissenschaftlern und Philosophen aus aller Welt und allen Kulturen an meinem Berliner Amtssitz stattgefunden hat, läßt mich an noch ganz andere geistige Ressourcen denken. Zusammen mit gemeinsamen wirtschaftlichen Interessen auf offenen Märkten, zusammen mit den Erkenntnissen, die die Naturwissenschaften auf der ganzen Welt gleich vermitteln, und mit den modernen, weltweiten Informationsmöglichkeiten könnte etwas daraus werden, was uns den globalen Kulturkampf erspart. Es lohnt sich, finde ich, dem größten gemeinsamen Nenner der Kulturen nachzuspüren.

Wohlgemerkt: Die Suche nach einem kulturübergreifenden ethischen Minimum heißt nicht, daß wir uns in unserem eigenen Lebensbereich damit begnügen. Das gleiche gilt natürlich auch für die anderen Kulturen. Diese Suche würde auch nicht verlangen, daß wir darauf verzichten müßten, für unsere Vorstellungen von Menschenwürde und Menschenrechten weiter zu kämpfen und zu werben. Aber wir wie alle anderen könnten das im Frieden tun und – vor allem – niemand müßte mehr befürchten, daß hier eine Fortsetzung alter kolonialistischer Herrschaftsmethoden mit ideologischen Mitteln stattfindet.

Es mag ja sein, daß ich einen Traum träume, der sich nicht oder jedenfalls nicht vor unseren Lebzeiten erfüllt.

Aber die Schreckensvorstellung eines globalen Kulturkampfes verbietet es uns, den Versuch überhaupt nicht zu unternehmen.

Die Frage liegt nahe, ob nicht ein gemeinsames Interesse aller Staaten und Kulturen besteht, dafür Sorge zu tragen, daß das Szenario nicht zur sich selbst erfüllenden Prophezeiung wird. Kann der interkulturelle Dialog nun Teil einer rationalen Friedensstrategie werden?

Manches spricht dafür, daß es sich bei dem vermeintlichen »Kampf der Zivilisationen« in Wirklichkeit um einen »Kampf der politischen Fundamentalismen« handelt, an dem die gemäßigten Mehrheiten der Völker kein Interesse haben. Die Frage ist, ob in unserer Zeit als rationale Friedensstrategie eine kulturübergreifende Zusammenarbeit der Aufklärer, der Pragmatiker, der Sucher nach einer Zivilisation der Versöhnung gegen die Maler der Feindbilder denkbar ist.

Und für diesen Dialog braucht man Menschen, die zwischen den Kulturen wandern und die über sie Wissen vermitteln, die bereit und imstande sind, sich auch in fremde Begrifflichkeiten und Erfahrungswelten hineinzudenken und das so Gelernte weiter zu vermitteln, die auf diese Weise Brücken des Vertrauens bauen.

Und ein solcher Mensch ist Annemarie Schimmel. Und deswegen hat sie den Friedenspreis verdient. Sie liebt die Geisteswelt des Islam und wird von vielen Muslimen dafür wiedergeliebt; hierin Sympathisantentum mit politischem Fundamentalismus zu sehen, ist falsch und ungerecht. Sie selbst beschreibt in ihrem Buch »Mystische Dimension des Islams« die Auseinandersetzung zwischen den islamischen Mystikern, den schon erwähnten Sufisten, und der islamischen Orthodoxie, der die

Sufisten nie ganz geheuer waren. Deren mystische Imagination und »inwendiger Islam«, wie ihn der Orientalist Titus Burckhardt nennt, eignen sich nicht für fundamentalistisch-orthodoxe Indienstnahmen. Im Gegenteil, die islamischen Mystiker wurden, wie Frau Schimmel eindringlich dargestellt hat, immer wieder verfolgt, weil sie sich im feindlichen Umfeld eines religiösen Legalismus als die wirklichen Träger der Freiheit verstanden.

Ich will nicht über Parallelen spekulieren, die sich zwischen Sufismus und christlichem Pietismus, gerade auch im sozialen Engagement, ziehen lassen könnten, obwohl das durchaus reizvoll wäre. Mir als Laien reicht das Indiz aus: Von der atemberaubenden Vielfalt islamischer Strömungen in Geschichte und Gegenwart habe ich jedenfalls ansatzweise erst durch die Bücher von Frau Schimmel erfahren. Und vielleicht ergeht es anderen ja ähnlich. Dann hätten wir gemeinsam Nachholbedarf an Verstehen. Wir können es uns nicht erlauben, die Vielfalt islamischer Strömungen zu ignorieren; das hieße letztlich nur die zu stärken, die differenziertes Denken verhindern wollen. Reden wir also nicht den einheitlichen Islam herbei, den es nicht gibt, der aber den politischen Fundamentalisten ihr Geschäft erleichtern würde. Aus – erlauben Sie mir das Unwort – weltkulturpolitischen Gründen haben wir gar keine andere Wahl, wenn es uns denn um Menschenrechte und Demokratie geht, als über die islamische Welt mehr zu wissen.

Wenn wir uns, wie Frau Schimmel das zeigt, in eine andere Kultur »hineinversetzen«, dann heißt das nicht, daß wir darin versinken. Verständigen können wir uns nur von unserem jeweiligen Standpunkt aus. Wenn wir den eigenen Standpunkt um der Verständigung willen aufgeben, dann gibt es nichts mehr zu verstehen, gibt es keinen Unterschied mehr zu besprechen. Wirklich neugierig auf den Islam und seine reiche Kultur kann man doch nur sein, wenn und weil die eigene Kultur eine andere ist.

Frau Schimmel hat diese Neugier in mir geweckt und ich wünsche mir, daß es vielen anderen ebenso ergeht. Dazu braucht man sich nicht in die geistesgeschichtliche Dogmatik zu vertiefen. Das kann man in Ruhe den Fachleuten überlassen. Ich will Ihnen nur verständlich machen, wie erfolgreich sie für mich zwischen den Kulturen gedolmetscht hat, als sie mich auf meiner Pakistanreise begleitete. Manchmal hat sie mir sogar die Herzen meiner islamischen Gesprächspartner geöffnet. Und es macht einen Unterschied, ob man mit Präsidenten und Regierungsvertretern nur diplomatische Höflichkeiten oder, je nach Bedarf, auch Protestdemarchen austauscht oder ob es gelingt, jenseits dieser traditionellen Mittel der Außenpolitik in die Substanz der Beziehungen, auch der kulturellen, vorzudringen.

Annemarie Schimmels Versöhnungswerk hat allerdings auch eine innenpolitische Bedeutung, und wir beginnen erst allmählich, sie zu begreifen. Es ist ja heute gar nicht mehr möglich, Überzeugungen geographisch zu trennen. Christen, Muslime, Atheisten wohnen in denselben Ländern, in denselben Städten, ja in denselben Straßen und Häusern. Das Leben ist hier schneller gewesen als der interreligiöse oder interkulturelle Dialog. Der aber muß nun dringend folgen, damit das Miteinander nicht zu einem Alptraum wird. Man kann auf die Dauer nicht miteinander leben, wenn man nicht miteinander redet und wenn man nichts voneinander weiß.

Im Verhältnis zum Islam hat uns Annemarie Schimmel den Weg dazu geebnet, und im Verhältnis zu anderen Kulturen hat sie uns gezeigt, wie solche Wege gebaut werden können.

Ich wünsche Ihnen Glück, und ich gratuliere zu Ihrem Friedenspreis, Frau Schimmel.

Idealistischer Pragmatismus

Nachwort von Karl Kaiser

Für die Deutschen ist das Hinterfragen des Status quo nirgendwo so schwierig wie auf dem Gebiet der Außenpolitik. Da ist einmal die Scheu, an Bewährtem zu rühren: Hat nicht die Politik der Vergangenheit Deutschland erstmals eine blühende Demokratie, präzedenzlose Prosperität und die längste Periode von Sicherheit in Frieden beschert? Auch die Furcht, Gespenster der Vergangenheit wachzurufen, sitzt tief im kollektiven Gedächtnis: Nur fünfzig Jahre sind es her, daß der Vorgänger des erneut vereinten Deutschlands einen Weltkrieg und den Holocaust auslöste, und klingt nicht der bei der Vereinigung wachgerufene Chor ausländischer Befürchtungen über das wiederhergestellte Deutschland immer noch in deutschen Ohren – aus Großbritannien heute so lautstark wie damals? Schließlich: Wer setzt sich schon gern mit dem neuen internationalen Umfeld und dem Epochenwechsel von 1989/90 auseinander, denn das erfordert die unvermeidlich schmerzhafte Wahrnehmung von neuen Kriegen, Genozid, Instabilitäten und anarchischen Tendenzen. Dahinter ahnt zudem jeder die Frage nach der eigenen Verantwortung, ihren Kosten und Opfern – und dies vor dem Hintergrund einer immer wachen Vergangenheit.

Dennoch gibt es kein Ausweichen vor den außenpolitischen Konsequenzen der neuen Ära, schon gar nicht für Deutschland als Westeuropas wieder größter Demokratie. Es ist das Verdienst Roman Herzogs, diese Herausforderung aufgegriffen zu haben. Weder die europäische Union noch das vereinigte Deutschland können sich, wie er zu Recht feststellt, »als Insel der Seligen betrachten, deren Gemütlichkeit wir durch besonders inbrünstige Verdrängung der Turbulenzen in der Außenwelt als gesicherten Besitzstand wahren können«.

Roman Herzogs Reden zur Außenpolitik, die in diesem Band gesammelt sind, geben der Diskussion in Deutschland dringend nötige Orientierungspunkte. Das gilt zuerst einmal für die von ihm gewählte Vorgehensweise, die er in seiner großen Rede vor der Deutschen Gesellschaft für Auswärtige Politik mit folgenden Fragen umriß:

1. Wie hat sich das internationale System seit der Zeitenwende von 1989 verändert?
2. Welcher Handlungsbedarf und welche Handlungsmöglichkeiten ergeben sich daraus für die deutsche Außenpolitik?
3. Sind wir auf die neuen Herausforderungen vorbereitet, und welches geistige Rüstzeug und welche mentalen Haltungen brauchen wir dafür im Inneren?

Am Anfang steht also die empirische Analyse: kühl und unvoreingenommen, mit klarem Blick für das Wesentliche, wie sie Roman Herzog vorexerziert. Deren Nachahmung ist allen zu empfehlen, die sich ernsthaft mit diesen Fragen beschäftigen wollen: Bürgern, Politikern, Publizisten und Wissenschaftlern (insbesondere jenen Sozialwissenschaftlern, deren neo-scholastische Theoriesucht sie vor der unbequemen Wirklichkeit fliehen läßt). Aber Wissenschaft ist dabei nötig. Mit Recht bricht Roman Herzog mit Blick auf das amerikanische Vorbild in seiner Rede vor der Stiftung Wissenschaft und Politik (am 13. 3. 1996) für strategische Studien, Politikwissenschaft und »Think Tanks« eine Lanze: Das vereinte Deutschland braucht mehr davon, denn die Wirklichkeit wird vielfältiger – in Europa verdoppelte sich fast die Zahl der Staaten –, und unter Bedingungen globaler Vernetzung können auch Probleme entfernter Kontinente die Menschen zwischen Schleswig-Holstein und Bayern unmittelbar heimsuchen.

Roman Herzog ist Pragmatiker und verhehlt auch nicht seine Affinität zum amerikanischen Pragmatismus, dem er offenkundig und aus guten Gründen in Deutschland größere Verbreitung wünscht. Pragmatiker gehen empirisch vor. Nichts ersetzt nüchterne Beobachtung der Wirklichkeit. Zugleich sind Pragmatiker flexibel: Angelsächsisches »Trial and Error« statt starrem Dogmatismus. Aber Anpassungsfähigkeit wird nur dann zur Staatskunst, wenn sie einen Kompaß hat, der ihren Verfall zum bloßen »Muddling through« verhindert: ein klares Wertesystem, gebündelt zu strategischen Visionen.

Raymond Aron, wohl der größte neuzeitliche europäische Analytiker der internationalen Politik, forderte eine »Praxeologie« der Außenpolitik, also eine Handlungswissenschaft, die aufbauend auf empirisch gewonnener Erkenntnis über die internationale Politik der politischen Praxis helfen soll, die grundlegenden Werte der Gesellschaft in ihrem äußeren Umfeld umzusetzen. Genau diese Absicht wird in den Reden Roman Herzogs sichtbar. Er arbeitet die zentralen Werte heraus, denen jegliche deutsche Außenpolitik zu dienen hat: an vorderster Stelle Demokratie – darunter Föderalismus als die den Deutschen besonders naheliegende Variante –, die Verwirklichung der Menschenrechte, – gerade im schwierigen und notwendigen Dialog der Kulturen. So gesehen folgt Roman Herzog einem idealistischen Pragmatismus. Dabei bleibt die Grenze zur Politik des klugen Eigennutzes flüssig: Förderung der Demokratie in Europa oder der Welt dient auch der Sicherheit Deutschlands, denn was Immanuel Kant als Vision formulierte, entspricht mittlerweile empirisch abgestützter Erkenntnis: Demokratien sind friedlichere Regime als nichtdemokratische Regierungsformen.

Die zentralen Werte sind auch die Grundlagen deutscher Interessen. Roman Herzog leidet nicht unter der in Deutschland verbreiteten Scheu, die Interessen des Landes zu definieren: Demokratie fördern, die Vereinten Nationen ausbauen, das Atlantische Bündnis erneuern, die europäische Einigung vollenden, um nur einige zu nennen. Zu jedem dieser Bereiche bietet er darüber hinaus eingehendere Problemanalysen und Politikempfehlungen an.

In allen seinen Reden unternimmt er es, zentrale Entwicklungstendenzen der Weltpolitik nach dem Ende des kalten Krieges mit jeweils unterschiedlichen Akzenten zu identifizieren. Wie ein roter Faden zieht sich dabei die von ihm als zentral angesehene »Spannung zwischen Globalisierung und Fragmentierung, zwischen weitumspannenden Netzwerken und Anarchie« durch seine Analysen. Gesellschaften und Märkte öffnen und verflechten sich zunehmend. Dies hat positive und gewünschte Folgen, zugleich aber auch ungewollte Konsequenzen, nämlich Verletzbarkeit gegenüber Störungen und anarchischen Tendenzen von außen, die zum prägenden Merkmal der neuen Ära geworden sind: »Bevölkerungsexplosion, Klimaveränderung, Armutswanderungen, Atomschmuggel, Drogenhandel, Fundamentalismen jeder Couleur, Völkermord, Zerfall staatlicher Ordnungen.« Hier liegt die Herausforderung an ein offenes Land wie Deutschland, das zugleich als größte Ökonomie Westeuropas von einem funktionierenden Weltmarkt abhängig ist. Die von Roman Herzog geforderte »Globalisierung deutscher Außenpolitik« hat hier ihre Grundlage. Sie ergibt sich logisch aus der nüchternen Analyse der heutigen Weltpolitik.

Drei Themenkomplexe sind es vor allem, mit denen sich Roman Herzog in seinen Beiträgen beschäftigt. Der erste befaßt sich mit den *Problemen deutscher Verantwortung in einer interdependenten Welt.* Hier demontiert er mit kräftiger Begrifflichkeit viele in Deutschland tradierte Vorstellungen und einen immer noch verbreiteten Hang zur beschaulichen Beschränktheit: Die Welt von heute ist offen, interdependent und vernetzt. Wenn die Deutschen »den Risiken nicht vor Ort begegnen, kommen sie zu uns«. Auf Europa bezogen – in Anlehnung an Vaclav Havel – »wenn wir nicht den Osten stabilisieren, destabilisiert der Osten uns«.

Daraus zieht Roman Herzog die Konsequenz: »Das Ende des Trittbrettfahrens ist erreicht.« Diese Aussage hat seinerzeit einiges Stirnrunzeln und auch leisen Protest hervorgerufen: Hat Deutschland nicht die europäische Integration mitgetragen, zum Atlantischen Bündnis die größte europäische Streitmacht beigesteuert, überall in der Welt bei Entwicklung und Demokratie mitgeholfen und wesentlich zum Ende des Ost-West-Konflikts beigetragen? Das stimmt zwar alles, aber dennoch hat mit der Vereinigung Deutschlands und dem Ende des kalten Krieges ein wesentlicher Paradigmenwechsel stattgefunden. In den Worten Roman Herzogs: »Deutschland gehört zum Konzert der großen Demokratien, ob es will oder nicht, und wenn eine dieser Demokratien beiseite steht, schadet sie unweigerlich nicht nur anderen, sondern letztlich auch sich selbst.« Damit ist das Wesentliche zur Veränderung der internationalen Lage Deutschlands gesagt. Dies bedeutet auch das endgültige Aus für ein deutsches »ohne mich«, das selbst durch die in Parteitagsbeschlüssen gern gepflegte Inanspruchnahme höchster moralischer Werte nicht mehr gerechtfertigt werden kann.

Roman Herzog gibt bei der Ausübung der deutschen Verantwortung »soft power«, d. h. der Macht der Argumente, den kooperativen Anreizen, der Diplomatie, die klare Priorität vor »hard power«, deren klassische Instrumente militärische Macht darstellen. Aber verzichtbar ist dieses Instrument dennoch keineswegs, wenn es um Verhinderung oder Beendigung von Aggression oder Völkermord geht. Die Gefahr einer angeblichen »Militarisierung deutscher Außenpolitik« hält er mit Recht für nicht gegeben, da nirgendwo Anzeichen hierfür festzustellen sind. In jedem Falle gilt für ihn, daß deutsche Politik im Alleingang unvernünftig, Kooperation mit Partnern geboten und Bescheidenheit im Auftreten selbstverständlich sein müssen.

Roman Herzog sieht auch die besondere Verantwortung, die sich aus der Stellung Deutschlands für die Weltwirtschaft ergibt: Bei der fortschreitenden Globalisierung muß deutsche Politik sich zum Anwalt von Offenheit, Wettbewerb und einer nachhaltigen Politik der Förderung von Kreativität durch »Investitionen in Köpfe« machen. In seiner großen Rede in Brasilia verweist er auf die grundsätzliche Bedeutung einer derartigen Politik für eine »Strategie der Erneuerung« als Ansatz zu einer nachhaltigen Entwicklung.

Der zweite Themenkomplex, dem er besondere Aufmerksamkeit widmet, ist *Europa als Grundlage und strategische Vision der Außenpolitik.* Seine richtungweisende Rede vor dem europäischen Parlament in Straßburg zeigt auf, warum gerade nach dem Ende des Ost-West-Konflikts Europa nötiger denn je ist.

Auch er läßt die von vielen Europäern geteilte Ungeduld über ein Europa des Streits über Bananenimporte und des Appeasement in Bosnien spüren. Dennoch: Angesichts eines wiedererwachenden Nationalismus bleibt die in den europäischen Gemeinschaften praktizierte »Botschaft der Versöhnung... die beste Botschaft, die Europa auch heute der Welt bieten kann«. Angesichts der tödlichen Auseinandersetzungen, des aufgeflammten Hasses und der Zerstörung durch neue Konflikte bleibt dieses Europa ein erfolgreicher »Modellversuch für die ganze Welt«. Er erinnert an dessen Relevanz für ein Lateinamerika, das durch Integration Wohlstand und Demokratie fördern kann sowie an seine Bedeutung für ein Asien, dessen ungelöste Konflikte angesichts wachsender Ressourcen nach einer Regelung zunehmender Interdependenz durch Integration verlangen. Ihm ist nur zuzustimmen, wenn er feststellt, es sei »absurd, wenn Europa die Strategie der Integration gerade in dem Moment vergessen würde, in dem der Rest der Welt beginnt, sie von Europa zu lernen«.

Aber Europa ist auch nötig, um Osteuropa zu stabilisieren, insbesondere durch Stützung der Demokratie. Die Erweiterung der EU ist zwingendes Gebot, auch wegen der dadurch notwendigen inneren Reformen der Union. Darüber hinaus ist Europa nötig, um in der neuen Welt der Interdependenz bestehen zu können. Dazu gehört die Verwirklichung der Wirtschafts- und Währungsunion, die Roman Herzog im Interesse der Verbraucher und Produzenten gleichermaßen für geboten, aber nur bei gleichzeitiger Vertiefung der politischen Union für dauerhaft absicherbar hält. Als überzeugter Föderalist erinnert er die Briten daran, daß ein föderatives Europa das Gegenteil von Zentralismus darstellt und die Franzosen, daß es die Vaterländer nicht aufhebt, sondern schützen will.

Für Roman Herzog gilt auch für die neue Ära, daß deutsche Außenpolitik nur Aussicht auf Verwirklichung deutscher Interessen hat, wenn die Europäische Union sich vertieft und erweitert, notfalls, indem einige Staaten vorangehen, in der Hoffnung und Absicht, daß andere auf diesem Wege möglichst bald folgen mögen. Für ihn ist »Kerneuropa« kein europäisches Ziel, sondern ein Mittel, die Dynamik des Einigungsprozesses zu bewahren. Dabei beruft er sich auf Churchills Züricher Rede von 1946. Das ist keine Bosheit gegenüber den Briten von heute, denn gleichzeitig wirbt er unmißverständlich: »Auch ein geistig großes Großbritannien gehört dazu.«

Ein dritter Themenkomplex in Roman Herzogs Reden richtet sich auf die *Notwendigkeit des Dialogs der Weltkulturen.* Insbesondere seine Rede anläßlich der Verleihung des Friedenspreises des deutschen Buchhandels an Annemarie Schimmel sagt hierzu Grundlegendes aus. Ihm liegt daran, daß Samuel Huntingtons These des »Clash of Civilizations« nicht zur Wirklichkeit, das heißt zu einem Krieg der Kulturen wird. Die blutige Realität ethnisch-religiöser Konflikte in der heutigen Welt verleiht dieser Willenserklärung in der Tat höchste Priorität.

Roman Herzog wird nicht müde, in kritisch-rationalem Geist für Differenzierung zu plädieren. Es geht nicht um Konflikte zwischen Religionen und Zivilisationen, sondern um Konflikte als Folge fundamentalistischer Ausartungen, radikaler Strömungen und des Mißbrauchs von Religion, die es zu bekämpfen gilt. Im Vordergrund steht dabei die Notwendigkeit eines Dialogs der Kulturen, der unermüdlich das Gemeinsame herausarbeitet: »ein kulturübergreifendes ethisches Minimum«. Hierzu gehört die in allen Kulturen anzutreffende »goldene Regel«, die im bekannten deutschen Sprichwort wiederzufinden ist »Was du nicht willst, das man dir tu, das füg auch keinem anderen zu«.

Auch ist der Blick auf andere Kulturen gewinnbringend für die eigene Diskussion gesellschaftlicher Probleme, z. B. die Rückbesinnung auf Gruppe und Familie, wie sie in Asien Aufgaben erfüllen, als Anregung für die Stärkung der Eigenverantwortung im deutschen Sozialsystem. Dieses gerät in zunehmende Schwierigkeiten, weil es kaum »weiterhin sozialen Nutzen privatisieren und soziale Kosten sozialisieren« kann. Dennoch muß beim interkulturellen Dialog, den deutsche Außenpolitik fördern muß, auch für eigene Wertvorstellungen, insbesondere für Menschenwürde und Menschenrechte geworben werden. Entscheidend ist dabei, daß wir dies »im Frieden tun«, durch Dialog, Wissensvermittlung und »Menschen, die zwischen den Kulturen wandern«.

Viele Deutsche stellen sich in diesen Jahren innerer und äußerer Umbrüche die Frage, welche Schlußfolgerungen sie für sich selbst und für das Land daraus ziehen sollen. Mit seinen Analysen bietet Roman Herzog einen Kompaß an, der jedem hilft, sich in der verwirrend neuen Welt zu orientieren, die wesentlichen Entwicklungen besser zu verstehen und die neuen Verantwortungen nachzuvollziehen, die auf Deutschland und damit auch auf seine Bürger zukommen.*

* Karl Kaiser ist Professor für Politische Wissenschaft an der Rheinischen Friedrich-Wilhelms-Universität in Bonn und Otto-Wolff-Direktor des Forschungsinstituts der Deutschen Gesellschaft für Auswärtige Politik in Bonn/Berlin.

Roman Herzog

Wahrheit und Klarheit

Reden zur deutschen Geschichte

Hrsg. Manfred Bissinger

114 Seiten, gebunden

In den hier versammelten großen Reden bleibt Roman Herzog einem seiner Leitsätze für den Umgang mit der deutschen Geschichte treu: »In aller Offenheit und ohne Vorurteile. Mit dem Mut zur vollen Wahrheit. Nichts hinzuzufügen, aber auch nichts weglassen, nichts verschweigen und nichts aufrechnen. Im Bewußtsein, der Vergebung bedürftig zu sein, aber auch zur Vergebung bereit.«

Hoffmann und Campe